梨花女子大学コリア文化叢書 ②

ノリゲ
伝統韓服の風雅

李京子著

金明順訳

東方出版

はじめに　文化の「窓」を開く

　ノリゲは韓国の伝統的な民族衣装、韓服を着る際に着用する装身具である。ノリゲは韓服と同様、韓国人の長い服飾文化の伝統の一つであり、韓国的な美しさを具現化していると言える。そのため伝統的な韓服の美しさを語るときに、ノリゲを欠かすことはできない。しかし著者の祖母の世代の頃には日常的に見られたノリゲが今はほとんどその姿を消しつつある。開化期以降、100年の間に韓服はその洗練さを増し装飾性が強化され、世界中が感嘆するような独自の服飾美の世界を作り上げた。しかしその一方でノリゲは忘れ去られた存在となってしまった。韓国の服飾文化の伝統の一部が消え去ろうとしているのだ。このような状況はノリゲの美的な価値からして、非常に残念であるとしか言いようが無い。

　そのような無念さがこの本を書く動機の一つになった。ノリゲの美しさをもう一度人々に伝え、さらには伝統的なノリゲを現代の韓服に合う現代的なノリゲとして生まれ変わらせる礎石にでもなればという気持ちでこの本をまとめた。その結果、概要的には、①ノリゲに対する概略的な説明、②個々のノリゲの考察、③それらの含んでいる意味と美的な評価の順にまとめてみた。その中でも一番多くのページをさいたのが、カラー写真と実測図をつけた各ノリゲに対する説明とノリゲに現れたシンボルについての分類と解説だ。しかし、個別の説明だけでは

十分でなかった部分もあるので、ここでもう少し説明しておこうと思う。

　ノリゲを収集、考察しながら感じたことは朝鮮時代のノリゲが非常に多種多様だということだ。本文ではこれを14種類に分けて記述したが、これは便宜上に過ぎない。したがって全体的に整理してみれば、ノリゲを装身具として見た場合、①実用性を兼ねた物、②福を願い災厄を防ごうという呪術的な物、③吉祥の意味を備えた寓意的な物などに分けることができる。

　また、ノリゲのモチーフは生活道具や周辺の動植物、身近な暮らしの中から見つけてきたものが多く、朝鮮時代の女性たちの美意識と思想を垣間見ることができると言える。さらにノリゲは土俗信仰のお守りのようなものでもあった。そのためノリゲの伝統は土俗的で、その美しさは非常に韓国的なものである。

　考えてみると服飾とは世の中に向けられた「文化の窓」だと言える。一つの時代の服飾——衣装や装身具——を見れば、その時代、その民族の文化の実態を知ることができる。服飾はその服飾を生み出した共同体の政治・経済・社会の特性と生活感情、世界観、価値観を反映しているものだからだ。数千年にわたり韓国民族が作り出してきた韓服もそうであり、韓服の美しさの大切な要素だったノリゲもまた同様だ。そこには韓国の伝統文化の特色を見ることができる。それは自然との同化、素朴、端正、貞淑などであり、この点は韓国の建築や絵画など、他の分野にも通じるものだ。ノリゲを知ることは、ノリゲという窓を通して朝鮮時代の両班（支配階級）の生活など多くのことを眺めることになるだろう。

筆者

目次

ノリゲ
伝統韓服の風雅

はじめに　2

I　ノリゲとは？
1．ノリゲの歴史　8
2．ノリゲの基本構造　11

II　ノリゲの構成
1．ノリゲの構成と大きさ　16
2．ノリゲの材料　20
3．ノリゲの製作方法　22

III　ノリゲの象徴するもの
1．ノリゲの形象　26
2．厄除けノリゲ　28
3．祈福ノリゲ　30
4．不老長寿ノリゲ　32
5．実用ノリゲ　33

IV　ノリゲのいろいろ
1．大三作ノリゲ　36
2．三作ノリゲ　42
3．銀単作ノリゲ　56
4．白玉単作ノリゲ　59

5. 琺瑯単作ノリゲ　62
6. 祈子ノリゲ　65
7. 粧刀ノリゲ　68
8. パヌルジプ（針入れ）ノリゲ　72
9. チムトン（針筒）ノリゲ　75
10. パンアタリノリゲ　79
11. 香匣ノリゲ　81
12. 角香ノリゲ　90
13. 翡翠毛パル香ノリゲ　94
14. スヒャンナン（繡香嚢）ノリゲ　96

V　生活の中のノリゲ
1. ノリゲの身につけ方　106
2. ノリゲの格式　110
3. 四季のノリゲ　112
4. 慶弔事とノリゲ　115

VI　ノリゲの美学
1. ノリゲの美学　118
2. 結び：現代韓服とノリゲ　123

図版目録　128

I ノリゲとは？

1. ノリゲの歴史
2. ノリゲの基本構造

1．ノリゲの歴史

　ノリゲは韓国の伝統衣装である韓服のチョゴリ（上衣）のコルム（結び紐）や、ホリチュム（腰紐）の部分につけるペムル（装飾品）で、材料として金、銀、珠玉などの宝石が使用され、多様なデザインと繊細で華麗な細工を特徴としている。朝鮮時代の服飾文化は貞淑さと節制を強調していたが、その中にあってノリゲは異例とも言えるほどの華やかさで当時の服飾美の一つの頂点を成していた。

　ノリゲという言葉にはもともと「珍貴で美しい品物」「傍らにおいて愛でる品物（玩好之物）」という意味がある。言わば愛好品、愛玩品である。そしてその意味のとおりに朝鮮時代の女性たちは上は宮中の王族や内命婦（ネミョンブ）と呼ばれた王の側室や女官たち、さらには一般の両班階級の女性や下は庶民にいたるまで広く使用していた。しかしだからと言って誰でも自由に着用することができたわけではなかった。ノリゲはその種類と大きさに従い着用できる身分が決まっており、さらに季節や各種儀礼の時間や場所、儀礼の内容によっても使用できるノリゲが決まっていた。

　ノリゲはいつ頃から女性たちの胸を飾り始めたのだろう。確かなことは分からないが、人類の服飾史の発生要因が人類の装飾本能にあることを考えると、ノリゲのような装身具もその原型をたどれば原始時代にまで遡ることは間違いない。原始人が

腰に巻いた綱に狩りでしとめた獣の牙をぶら下げていたことを考えれば、その頃から装身具の歴史は始まっていたと言える。

これと関連して崔南善(チェ・ナムソン：1890〜1957、文学者)はその著『朝鮮文学概説』でノリゲの起源を原始呪術の魔よけの一種だと言っている。そしてだからこそ子どもたちに着用させたのだと分析している。しかし現存するノリゲの原型だと見られるものは新羅時代の古墳から出土したヨペ(腰佩：腰帯に長く垂らす装飾品)だ。新羅時代の古墳からは棺とその装飾品の他に、頭飾、耳飾、首飾、腰帯、腕輪、指輪など多様な装身具が出土しているが、朝鮮時代に入ってからはチョクトゥリ(女性の礼装用の冠)、ピニョ(簪)などのヘアーアクセサリーと指輪、ノリゲなどしか見られず、首飾、腕輪などはその姿を消してしまった。

文献上では中国の文臣、徐兢の書いた『高麗図経』(1123)に「高麗の貴婦人は(中略)橄欖(オリーブの実)の帯を巻き、彩色した紐につけた金の鈴と絹の香袋を身につけている」と記録されており、朝鮮時代の女性がノリゲと絹袋を身につけていたことが分かる。高麗時代の仏画にも王妃が玉を装飾メドゥプ(飾り結び)につけ腰の下に長くたらしている姿が見られる。

このような事例からみて、装身具自体は先史時代からあったものの、短いチョゴリ(上衣)と長いチマ(スカート)という伝統的な韓服の基本パターンができあがった後、短いチョゴリにアクセントを与える装身具としてノリゲが定着し、それが当時の女性たちの美意識や生活習慣と合わさり普遍化したものと言えるだろう。

ティドン
クンモク
チュチェ
メドゥプ
スル

図1　ノリゲの構成と各部の名称

図2　三作ノリゲを着用した姿（新婦）
「写真で見る朝鮮時代の生活と風俗」から模写

2．ノリゲの基本構造

　ノリゲは基本的にチュチェ（主体）とティドン（ノリゲをオッコルム＝結び紐につける部分）、そしてそれをつなぐタフェ（多絵＝組紐：クンモク、メドゥプ、スル）でできている（図1）。

　そしてそのスル（房）がいくつあるかで、一つなら単作ノリゲ、二つなら二作ノリゲ、三つなら三作ノリゲという具合に区分される。昔の写真を見るとスルが五つや七つもある五作ノリゲや七作ノリゲもあるが、一般的に使われていたのは三作ノリゲである。

　ノリゲのチュチェ（主体）と呼ばれる部分は金、銀、宝石などの高価な材料を使い、さまざまな形象を形作っている。そしてチュチェの材料と主題（モチーフ）によって、個々のノリゲに固有の名前がつく。例えば金を使い童子を表現したスルが三つのノリゲは「金童子三作ノリゲ」となる。また三作ノリゲの場合、三つのスルのチュチェの形がすべて同じもの、形は同じで材料だけ変えたもの、形と材料をすべて変えたもの、という具合にそのデザインが変化する。このようにノリゲのデザインは無数にあり、その為、その象徴性も複合的な意味を持つことになる（図2）。

　ティドンはもともとは剣をつるすために帯にかけていた鉄の輪のことだが、ノリゲのティドンはノリゲの最上部の小さな飾りで、四角、円形、花びら型、蝶型など、（図3）いろいろなデザインがある。ティドンは裏にU型の輪がついており、それをチョゴリのオッコルムや腰帯にかける。また三作ノリゲなど複数のスル（房）でできているノリ

ゲの場合はそれらを一つにまとめる役割もはたしている。

　ノリゲの構成は上から最上部のティドン、クンモク（組紐）、中心となるチュチェ（主体）、下部のメドゥプ（飾り結び）とスル（房）の順になっている。またティドンとチュチェをつなぐタフェ（多絵：クンモク、メドゥプ、スル）はすべて伝統的なメドゥプ技法で作られた組紐である。色絹糸を何本かまとめてスル（房）にし、それに繊細で華やかな模様のメドゥプを加えることでノリゲの装飾性がさらに引き立てられる。メドゥプはノリゲの大きさや主装飾の形に合わせてトレメドゥプ（二重結び）、センチョクメドゥプ（生姜結び）、ナビメドゥプ（唐蝶結び）、ククァメドゥプ（菊花結び、玉房結び）、チャングメドゥプ（長鼓結び）、ピョンアリメドゥプ（ひよこ結び）などの技法（図４）が使われるが、そこには韓国の伝統組紐であるメドゥプ技法の真髄が集約している。

　スル（房）は装飾用の色絹糸の束だが、その形によりポンスル（封スル：頭に封がしてある）、タルギスル（苺スル：頭がイチゴ型）、ナクチバルスル（下がタコ足状に広がっている）などの名

図3　ティドン　「ウリオッと装身具」イ・ジョンジャ外、「澹人服飾美術館開館記念図録」チャン・スクファンから

前がついており、これらがノリゲの代表的な房の形だと言える。このうちポンスルは花の蕾の形に糸をしぼってまとめたもので、そこには字が装飾され、字の形に従いそれぞれ双囍字房、寿字房、王字房などの名前がついている。またタルギスルはクンモク、メドゥプの余った絹糸をスル（房）にしたものだ。クンモク、メドゥプ、スルに使用される絹糸は青紅黄の原色以外にも、本装飾の技法と色彩に合わせてさまざまな中間色が使用されており、中には多数の色糸を一つにしたセクトンスルもある。そのため三作ノリゲはチュチェの材料やデザイン以外に、スル（房）の色を変えることで変化をつけている。

センチョクメドゥプ（生姜結び）

ヨンボンメドゥプ（蓮のつぼみ結び）

ナビメドゥプ（唐蝶結び）

ククァメドゥプ（菊花結び、玉房結び）

トレメドゥプ（二重結び）

メミメドゥプ（蝉結び）

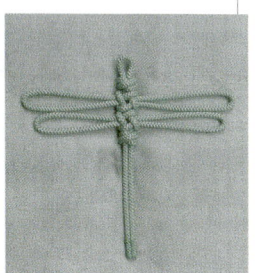
チャムチャリメドゥプ（トンボ結び）

図4　各種メドゥプ「韓国メドゥプ」キム・ヒジン

II ノリゲの構成

1. ノリゲの構成と大きさ
2. ノリゲの材料
3. ノリゲの製作方法

1. ノリゲの構成と大きさ

　ノリゲはその形と構成によりさまざまな種類がある。朝鮮第24代王の憲宗（在位1834〜1844）の頃のソウルの様子を詠った風俗歌詞「漢陽歌」には鍾路の刀子廛（小間物屋）の店先に並んだ金銀宝石でできた簪や指輪などの装身具を描写した内容がでてくるが、その中でノリゲの多様さがこんな風に詠まれている[1]。

　　ノリゲ　見たところ
　　大三作と小三作
　　玉の蝶　金の蜂
　　珊瑚の枝に蜜花仏手
　　玉粧刀　玳瑁粧刀
　　美しい色彩の三色糸で
　　かけた房解いた房でできたメドゥプ
　　その変化ははかり知れない

　この歌の歌詞のように、ノリゲは大きさ、材料、主装飾の構成がさまざまで、いろいろなタフェがノリゲの多様さをさらに増している。ここではまず、ノリゲの構成と大きさ、材料と製

1　イ・ソクレ校註『風俗歌詞全集』

作技法、主装飾の形成に分けてノリゲのいろいろな特徴を説明していこう。

　すでに言及したようにノリゲは基本となるスル（房）がいくつあるかで種類が決まってくる。スルが一つだけなら単作ノリゲ、二つが合わさっていれば二作ノリゲ、三つなら三作ノリゲと呼ばれる。文献上では四作以上の七作ノリゲ、十二作ノリゲなどというものもあったとあるが、宮中の記録には大三作より多いものについて言及した例はない。

　現在まで残っている朝鮮時代のノリゲをみると、その大きさは大部分、最上部のティドンから一番下のスル（房）までの長さがおよそ20〜40cm未満だ。しかし中には全長が40cmをはるかに超える物や、10cmほどしかない子ども用のアギノリゲ（図5）もある。そしてその全体の長さと主装飾の大きさにより大三作、中三作、小三作に分かれる。

　このようなノリゲの構成と大きさは身につける人の階級や儀礼服の格式に応じたものであったが、一方ではノリゲが贅沢の象徴となり、流行が生まれ競争心理が働き、そのため大きさが可視的にどんどん大きくなっていったと言える（図6）。その中で階級とノリゲとの相応関係は朝鮮王朝の第10代王燕山君（在位1494〜1506）が妓女数百人を宮中に引き入れ、彼女たちに付けさせたノリゲでその等級を区別したという逸話によく表れている。

　また現存する大三作ノリゲの中には、その主装飾となる蜜花（黄琥珀）の大きさが子どもの握りこぶしくらいのものもあり、これなどノリゲの贅沢を示す好例だといえよう。『宮中件記』にも王家の婚礼に使われるノリゲの数が数百房に達するという記録[2]がある。朝鮮王

朝第23代王純祖(在位1800〜1834)の時に世子(王子)の嘉礼(婚礼)の為に中国に発注した宝石類の中には最高級のノリゲや香袋などに使う真珠数千個(大大真珠50、大真珠300、中真珠500、小真珠500など)が入っていたという記録[3]があり、当時の服飾文化の華やかさと贅沢を示していると言えよう。

　しかし、庶民が着用するには制約を受け、何よりも高価なため簡単に手に入れられるものではなかった。そのため一般庶民は一番シンプルな単作ノリゲを、それも高価な金銀宝石の代わりに刺繍を施したスノリゲやクェブルノリゲ(銅銭や玉、巾着を付けたノリゲ)を手作りして身につけた。

図5　子ども
「写真で見る朝鮮時代の生活と風俗」第12章から模写

3　オ・ジュソク『韓国の美特講』pp.203-206

図6 宮中女官の服装
Old Korea The Land of Morning Calm (Elizabeth Keith and Robertson Scott) の絵

2．ノリゲの材料

　ノリゲの材料には主装飾となる宝石類、ティドンを作る金属類、そしてタフェ（多絵：クンモク、メドゥプ、スル）とスノリゲ（刺繍ノリゲ）に使われる織物と絹糸などがある。その中でもクンモク、メドゥプ、スルの材料となる絹糸は生糸を精練して染色してから縒って作ったものだ。前述の「漢陽歌」には"美しい色彩の三色糸"と詠われているが、紅色、藍色、黄色の三色以外にもプンホン（紅粉色、薄桃色）、ヨンドゥ（軟豆色、薄黄緑色）、ポラ（紫色）、チャジュ（紫朱色、赤紫色）、オクセク（玉色、水色）が使われた。このほかに刺繍ノリゲの場合はチュチェとティドンを縫製する基本布が別に必要で、ビロードのような上質の絹布が使われた。

　これらの布と絹糸は国産品もあったが、前述した純祖の時の世子の嘉礼の際には極上品の白糸200斤をはじめとする膨大な量の各種針糸（裁縫用の糸）と刺繍糸、絨糸（じゅうし）（縒っていない糸）と金糸、銀糸などが中国に発注されたとある。

　またチュチェとティドンの材料にはほとんどすべての種類の貴金属と珠玉が網羅されている。

①貴金属
　金、銀、銅、青銅など。
　実際には宮中でも純金は使用されなかった。金ノリゲという

時の金は銀に金メッキをしたものだ。

②玉石類

白玉、翡翠、瑪瑙、紅玉、青剛石、真玉、孔雀石など。

文献には金剛石を中国から輸入したという記録があるが、これがダイヤモンドを意味するのかは明らかではなく、現存している遺物の中にはダイヤモンドのノリゲはない。

③宝貝類

珊瑚樹、真珠、玳瑁(たいまい)、琥珀、蜜花、錦貝、石雄黄など。

④その他

麝香、馬尾、各種木材など。

3．ノリゲの製作方法

　ノリゲの製作という時には主装飾とティドンの金属細工、タフェのメドゥプの組紐技法、スノリゲ（刺繍ノリゲ）の縫製と刺繍がすべて含まれており、これらは韓国の伝統工芸、手芸技術の精髄だといえる。

①ノリゲの金属細工
　線刻、陽刻、陰刻、透刻などの精密な彫金術が目立つ。金属板の表面に他の金属をはめ込む象嵌技法、釉薬と熱処理で華麗な形態と色彩を生み出す七宝技法、琺瑯技法も活用されている。三国時代に高度に発達した金属工芸の伝統が朝鮮時代にも受け継がれ、中には現代の科学技術でも再現が難しいほど手の込んだ作品も多い。しかし『宮中発記』の記録を見ると、中国に仕様を送り発注し持ち帰る場合もあったようだ。

②メドゥプ
　絹糸を何本もあわせてクンモク（組紐）を作り、これをさまざまな形に結んでいくのが韓国の伝統組紐細工のメドゥプだ。メドゥプは１本のクンモク（組紐）を中心から半分に折り、たれた紐の両端を持ち上から下に手順に従い順々に結んでいくものだ。結び方にはトレメドゥプ（二重結び）、ククァメドゥプ（菊花結び、玉房結び）、メファメドゥプ（梅花結び）、ナビメドゥ

プ（唐蝶結び）、メミメドゥプ（蝉結び）、チャムチャリメドゥプ（とんぼ結び）などいろいろな結び方がある。

　ノリゲはチュチェの形と大きさによって使われるメドゥプの種類が決まる。だいたい大三作や中三作のような豪華で大きなノリゲはメドゥプを小さくして主装飾の装飾効果を引き立てるようにし、反対に小三作などの小ぶりのノリゲにはククァメドゥプ（菊花結び）のような大きく華やかなメドゥプを使用してノリゲ全体の装飾性を増した。金三作、銀三作、玉三作など、重量感のあるノリゲにはそれにあった中間程度の大きさのメドゥプが使われた。

③スノリゲ（刺繍ノリゲ）

　スノリゲ（刺繍ノリゲ）は高価な貴金属類は使われていないが、時代、年齢、社会的な身分などに関係なく幅広く愛用され、その製作技法と造形的な価値は貴金属を使用したノリゲに負けないほど素晴らしい。またチュモニ（袋）ノリゲ、ポソッ（足袋）ノリゲ、パヌルジプ（針入れ）ノリゲ、クェブルノリゲ（銅銭や玉、巾着を付けたノリゲ）などは、その製作上の必要性から刺繍ノリゲにしたものであり、ノリゲの格式や価格を反映したものではない。そして刺繍ノリゲの製作技法自体も他の貴金属を使用したノリゲに劣らず繊細であり、その水準は驚くべきものだ。刺繍ノリゲは天桃、蝙蝠（こうもり）、蝶、ナス、唐辛子など、貴金属のノリゲに見られるさまざまな形象を基本布の上に刺繍し、さらにクェブル（銅銭や玉）、パヌルジプ（針入れ）、チュモニ（袋）、ヒャンチップ（香入れ）などは手芸で別に作ってぶら下げた。宮中で使用した刺繍ノリゲは、宮中内の刺繍を担当する繡房の女官の作品だが、民間の刺繍ノリゲはそれを着用した本人の作品である場合が多く、そこには朝鮮時代の女性の情緒と祈願が表れている。ただ刺繍ノリゲは保存がむずかしいため現存しているものはあまり多くない。

III ノリゲの象徴するもの

1. ノリゲの形象
2. 厄除けノリゲ
3. 祈福ノリゲ
4. 不老長寿ノリゲ
5. 実用ノリゲ

1. ノリゲの形象

　ノリゲの主装飾は動植物など、自然からモチーフを得たもの、生活用品の形を真似たもの、願い事を込めた吉祥紋など、その範囲が非常に幅広い。これらを類型化してみると以下のとおりになる。

①動物：蝙蝠、家鴨、フナ、スッポン、蝶、蟬、虎、ヘテ（獅子に似た想像上の動物。是非・善悪をわきまえるという）、龍など
②植物：ナス、唐辛子、ブドウ、石榴、綿花、ドングリ、胡桃、桃、蓮、松など
③生活用品：瓢箪、瓢（柄杓：水を汲む容器）、袋、鐘、太鼓、杖鼓、鈴、斧、眼鏡ケース、粧刀（さやのある小刀）、錠前、足袋、踏み臼の杵、投壺、石燈、硯、香入れ、裁縫ケースなど
④吉祥語紋：寿、福、康寧など
⑤宗教的シンボル：仏手、念珠など

　以上のノリゲ装飾は、装身具として審美的に優れているうえに象徴性と実用性が加わっているものが多い。したがってこれらのノリゲを見れば、朝鮮時代の女性たちの美意識はもちろん、根強い土俗信仰にもとづいた生活秩序や思想などもうかがい知ることができる。
　そのような視線からノリゲの装飾を見ると、①厄除けノリ

ゲ、②祈願成就を願うノリゲ、③宗教的な意味のある不老長寿ノリゲ、④良妻賢母の婦徳を強調する実用的なノリゲに分けることができる。しかしノリゲ装飾のシンボル性はもともとが複合的なので厳格に分類することは不可能だ。

　それでは次にノリゲ装飾の性格とそのシンボル性の現れた例を見ていこう。

2　厄除けノリゲ

①斧

　伝染病の病鬼を追い払うという土俗信仰からきている。邪悪なものを追い払うシンボルだが、妊娠・出産を祈願する意味もある。小さな斧をいくつか袋に入れて紐で縛り腰につけたりした。また新婚初夜に枕の下に入れておいたりもした。ノリゲによく見られるのは小さな斧3個を一つの房でつないだものだが、これは息子が官位につき三政丞（政府高官）まで出世することを願うものだ。

②虎の足の爪

　虎は山神信仰の対象で、その力と勇猛さで邪悪なものを追い払い慶事を招くと信じられていた。特に蛇、トッケビ（妖怪）、トカゲ、ムカデなどから身を守ると言われる。ノリゲの虎の足の爪は、虎の体の一部を身につけることで虎を操ることができるという土俗信仰を背景としたものだ。但し、本物というよりほとんどが銀に七宝を施して作られたものだ。

③鈴、鐘

　鈴と鐘の音が邪悪なものを追い払い慶事を招くと信じられていた。儒教的な伝統によれば鐘は悟りと調和の象徴で、その清雅な音色は名声をとどろかすという意味もある。

④投壺

　投壺は矢の形をした棒を壺の中に投げ入れる遊びで、ノリゲの投壺はその壺の形を銀で作り、華やかな琺瑯を施したものだ。このノリゲには壺に矢を投げ入れるように厄を集めて投げ捨てるという意味が込められている。

⑤クェブル

　古布に綿を詰めて作った刺繡ノリゲだが、その（蓮の実に似せた）形の三角形の三つの角が厄除けになると信じられていた。

⑥魚（フナ、コイ）

　厄払い、そして災害を防ぐと言われる。その理由は魚は寝るときも目を閉じないので財宝を守る監視者とされ、錠前の装飾などにもよく使われた。また生命力と健康の象徴でもあった。さらに魚躍龍巾（オヤクヨンムン）（ぎょやくりゅうきん、魚が川を遡ってくるように登竜門に上る）と言って、魚は科挙合格の象徴でもあった。

3．祈福ノリゲ

①蝙蝠(こうもり)

　蝙蝠の「蝠」の字が幸福の「福」の字と韓国語では発音が同じことから、朝鮮時代、蝙蝠は福の化身とされていた。五福（長寿、裕福、無病、徳を好み、天寿を全うする）のシンボルとして各種織物や家具などの装飾に広く使われた。また夜空いっぱいに広がり飛ぶその生態から、旺盛な繁殖力の象徴でもあった。

②石榴、葡萄の房

　石榴の実の種の多さが子孫繁栄を意味している。葡萄の房も同様だ。

③ナス、唐辛子

　多男、つまり男児に恵まれますようにという願いが込められている。ナスも唐辛子も、その形が男児（男性の性器）を意味している。

④蝶

　ノリゲの装飾の中でも最も華やかなのが、この蝶の装飾だ。蝶を一組にして形象化し、夫婦の和合を象徴する。

⑤鴛鴦(おしどり)

　鴛鴦は夫婦円満と夫婦が心を一つにすることを象徴し、家和万事成（家内和合、万事成就）の意味がある。特に鴛鴦が蓮の花の花陰を泳いでいる場面は連生貴子図と言われ、相次いで男児が生まれるという慶事を象徴している。

⑥蓮花

　蓮花はその種袋の中に種がたくさん入っていることから多産の象徴となっている。また蓮の「ヨン」の音が相次ぐという意味の連「ヨン」と同じ音なので連生貴子の願いも込められている。また仏の教え、成仏、清浄無垢などという仏教的な意味もある。

⑦瓢箪

　土俗信仰の中で瓢箪は豊穣、多産、富裕を象徴している。特に、瓢箪は寿福富の三多信仰のシンボルとされ、宗教的にはあの世に行く際に喉が渇いたときに瓢箪から水を飲むという意味があった。

⑧珊瑚樹

　珊瑚樹は富貴と豪華さのシンボルだった。ノリゲの材料の中でも最も格の高い宝石類である珊瑚は大三作にだけ使用され、韓国語のサンホカジ（珊瑚樹）という言葉自体が大三作ノリゲを意味する。

⑨蘭草

　蘭草は美しさと祥瑞（縁起の良さ）を併せ持つ名門貴女を意味する。また花の咲いた蘭草は子孫の繁栄を象徴している。

4. 不老長寿ノリゲ

①桃

　西王母の伝説（中国の古代神話の女神西王母は漢の武帝に不老不死の仙桃を渡した）や道教の天桃伝説（天上界にある天桃を食べると永遠の生命を得る）により桃は長寿と不老不死の象徴となっている。

②蝉

　土の中で幼虫が変態と脱皮を経て蝉になるように、人も死なずに長生きし、あの世でも願いが成就するようにという意味がある。また蝉にはその生態からして五徳（仁、義、礼、知、信）があるという。

5．実用ノリゲ

①香匣(こうこう)（香箱）、香嚢(こうのう)（香を入れる巾着）、パル香

　高貴な香りを漂わせるだけでなく、麝香のような高価な香は救急薬としても用いられた。

②パヌルジプ（針入れ）、コムルジプ（指貫入れ）

　パヌルジプ（針入れ）は金属やスノリゲ（刺繍ノリゲ）で作り、普通上下に二つ重なっており、下の部分に髪の毛を入れて針を刺し、上の部分は蓋の役割をする。実用品であり、女性は針糸に親しむという婦徳の象徴でもあった。

　コムルジプ（指貫入れ）の作りも同様である。

③チャンド（粧刀）

　チャンド（粧刀）は鏡、櫛とともに朝鮮時代の女性が常に身につけていた三つの必需品のうちの一つで、時には男性も身につけた。ノリゲの粧刀はチュモニカル（巾着に入った刀）よりも大きく長さが9～15cmで、刀身は5～9cmだ。護身用としてだけでなく、死をもって貞節を守るという気概の象徴でもあった。

　粧刀には銀のスジョ（箸とさじ）を加えたりもしたが、これは外食の際に実際に使用したのはもちろん、食べ物に毒が入っていないか調べるための道具としても使われた。

④琥珀、錦貝（琥珀の一種）、麝香

　宝石として、その色と形が愛されもしたが、不意の事故で負傷した際にはこれらの宝石の一部を削って傷口に塗り、止血をした。特に麝香は有名な漢方薬「牛黄清心丸」の材料にもなっており、緊急な場合に役立つ救急薬、気付け薬として使用された。

Ⅳ ノリゲのいろいろ

1. 大三作ノリゲ
2. 三作ノリゲ
3. 銀単作ノリゲ
4. 白玉単作ノリゲ
5. 琺瑯単作ノリゲ
6. 祈子ノリゲ
7. 粧刀ノリゲ
8. パヌルジプ（針入れ）ノリゲ
9. チムトン（針筒）ノリゲ
10. パンアタリノリゲ
11. 香匣ノリゲ
12. 角香ノリゲ
13. 翡翠毛バル香ノリゲ
14. スヒャンナン（繡香囊）ノリゲ

1. 大三作ノリゲ

　ノリゲはその材質とチュチェ（主体）の形成により、格式や種類が決まるが、ここでは便宜上①大三作ノリゲ、②三作ノリゲ、③単作ノリゲに大別して、さらに単作ノリゲはその材質と制作方法、チュチェ（主体）の形成と象徴性、実用性などにより細かく類型化して、それぞれの特徴を紹介した。また各ノリゲには実物写真と実測図も付け加えた。

　大三作ノリゲは宮中で王妃らが礼服を着用する際につけた装身具で、ノリゲの中でも最も豪華で大きいものだ。ここに紹介している3点のノリゲはすべて蝶一組と珊瑚樹、蜜花（黄琥珀）を主体とする三つのノリゲの組み合わせで細かい装飾技法はそれぞれ違っている。高価な宝石類と多彩な色彩が豪華で美しい。

　図7は珊瑚玉で装飾した玉（ギョク）の蝶一組と、三つの枝を持つ珊瑚樹、大きな蜜花（黄琥珀）の組み合わせによる大三作ノリゲだ。ティドンは四角い琥珀の板に吉祥紋を彫り、その下にメミメドゥプ（蝉結び）を結び、スル（房）は紅、青、黄の色糸をつけた。さらに房の端に金糸を巻き装飾し、その華やかさをいっそう引き立てている。

図7　大三作ノリゲ　梨花女子大学博物館所蔵　32cm

図7の大三作ノリゲの実測図

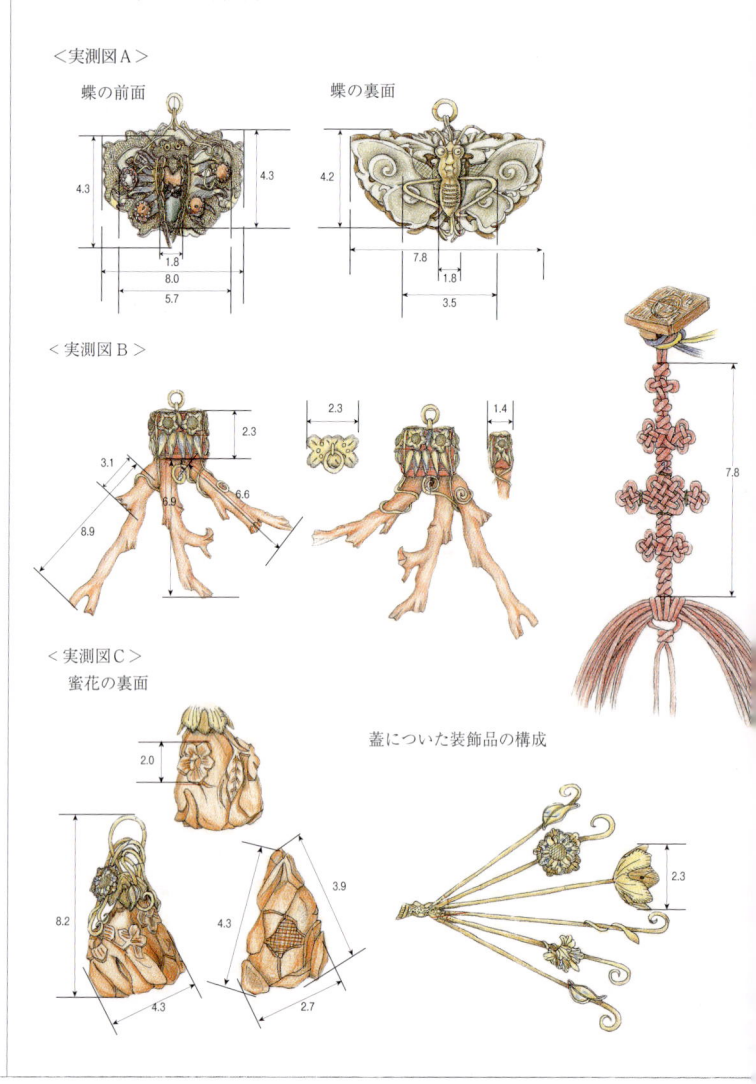

<実測図A>

蝶の前面 　　　　　　　蝶の裏面

<実測図B>

<実測図C>

蜜花の裏面

蓋についた装飾品の構成

実測図Aの蝶は玉を蝶の形に切り、その上に邪気を追い払うという伝説上の動物プルガサリの形の銀板を貼り付け、その真ん中に玉で装飾した胴体と頭をつけたものだ。羽には花模様の飾りを四つ作り珊瑚玉などをはめ込んだ。大きさは幅8cm、長さ4.3cmと非常に大きい。

　実測図Bの珊瑚の長さは8.9cm、6.9cm、6.6cmで二つの珊瑚を草花模様の装飾のある蓋につなげて、三枝の珊瑚樹のように見せている。一部、琺瑯の跡も残っている。

　実測図Cは蜜花（黄琥珀）の原石の形を生かしてナスの形にし、表面に花と草の模様を彫ったものだ。大きさは幅が4.3cmで子どもの握りこぶしくらい。ナスの茎の部分にあたる蓋の先には花や葉のついた六つのつるがありメドゥプの環につながっている。

　次頁の図8は図7のノリゲと構成は同じだが、琺瑯を施した装飾が特徴だ。玉に金属板をつけた蝶は真珠で装飾してあり、蜜花（黄琥珀）の蓋の環には琺瑯を施し珊瑚玉をつけた。珊瑚樹には青い寿の字の装飾のある蓋を使っている。ティドンは瑪瑙に蝶を彫って作り、ナクチバルスル（タコ足状に広がる房）を垂らした。

　図9の基本構成は前述の二つのノリゲと同じだが、一組の蝶は装飾がそれぞれ違っている、ティドンは珊瑚玉で飾られた銀七宝の蝶でスル（房）はサンボンスル（双封房）を使っている。

図8　大三作ノリゲ　澹人服飾美術館所蔵　39cm

図9　大三作ノリゲ　梨花女子大学博物館所蔵　36cm

2．三作ノリゲ

　大三作ノリゲ以外の三作ノリゲは、その大きさによって中三作ノリゲ、小三作ノリゲに分かれるが、中三作ノリゲと小三作ノリゲを区分する正確な基準があったわけではない。ただ中三作ノリゲと小三作ノリゲは三房で一組という構成は大三作ノリゲと同じだが、珊瑚樹や蜜花（黄琥珀）のような豪華な材料は使われない。おもに主装飾の形式や材質、製作技法などにより名前がつけられている。ここでも中三作ノリゲと小三作ノリゲに分けるのではなく、それぞれの特徴にしたがい説明していこう。

　童子三作ノリゲ（図10）は朝鮮王朝最後の皇太子英親王の王妃の遺品だ。このノリゲは珊瑚、孔雀石、蜜花（黄琥珀）にそれぞれ二人の童子を彫り、三房を合わせてノリゲにしたものだ。童子像を身につけると神霊の加護を受け、安産の助けになると伝えられており、だいたいは髷を結った双子の童子にする。青、紅、黄のククァメドゥプ（菊花結び）にスル（房）は華やかなセクトン（多色）のサンボンスル（双封房）を使っている。

　次々頁の翡翠蝙蝠三作ノリゲ（図11）は翡翠玉に蝙蝠を彫った蝙蝠ノリゲの三房でできている三作ノリゲだ。ティドンも翡翠に蝙蝠が彫ってあり、全体を蝙蝠で統一している。スル（房）は青、紅、黄のサンボンスル（双封房）だ。翡翠ノリゲは身に

図10 童子三作ノリゲ 宮中遺物展示館所蔵 29.5cm

図11　翡翠蝙蝠三作ノリゲ　澹人服飾美術館所蔵　33cm

Ⅳ　ノリゲのいろいろ

44 － 45

郵便はがき

5438790

料金受取人払郵便

天王寺局
承　認

424

差出有効期間
2019年4月9日
まで

(有効期間中
切手不要)

(受取人)

大阪市天王寺区逢阪二の三の二

東方出版　愛読者係　行

住所			
ふりがな		TEL	
氏名		FAX	

購入申込書（小社へ直接ご注文の場合は送料が必要です）

	本体価格	部数
	本体価格	部数
	取次	

愛読者カード

●ご購読ありがとうございます。このハガキにご記入いただきました個人情報は、ご読
者名簿として長く保存し、またご注文品の配送、確認のための連絡、小社の出版
のために使用し、他の目的のための利用はいたしません。

●お買上いただいた書籍名

●お買上書店名

　　　　　　県　　　　郡
　　　　　　　　　　　市

●お買い求めの動機 (○をおつけください)

1. 新聞・雑誌広告 (　　　　　　)　　2. 新聞・雑誌記事 (

3. 内容見本を見て　　　　　　　　　4. 書店で見て

5. ネットで見て (　　　　　　)　　　6. 人にすすめられて

7. 執筆者に関心があるから　　　　　8. タイトルに関心があるから

9. その他 (

●ご自身のことを少し教えてください

◉ご職業　　　　　　　　　　　　年齢　　　歳　　　男

◉ご購読の新聞・雑誌名

◉メールアドレス(Eメールによる新刊案内をご希望の方はご記入ください)

通信欄 (本書に関するご意見、ご感想、今後出版してほしいテーマ、著者名など)

つけたときに涼やかに見えるため特に夏によく使用された。

次頁、図12の虎足爪三作ノリゲはノリゲの三房がすべて虎足爪で、その装飾は三つがそれぞれ違う非常に華やかだ。虎足爪は爪二つを向かい合わせた形をしている。丸い形なのだが、これを固定させる銀細工が素晴らしい。その中の一つは琺瑯を施した蝙蝠を彫り、もう一つは透彫された草花紋に琺瑯を施して装飾してある。最後の一つは植物紋様を透彫してあり房はナクチバルスル（タコ足状の房）だ。

銀三作ノリゲ（図13）は精巧な銀細工をしたノリゲ三房を組み合わせている。葡萄と案山子、瓢の三作だ。それぞれに珊瑚玉が飾りとして付いており、小ぶりだが華やかだ。ティドンは銀琺瑯の蝶で、房はナクチバルスル（タコ足状の房）だ。

もう一つの銀三作ノリゲ（図14）は銀で作った案山子、丸い形の透彫をした香匣、そして粧刀の三房で、ティドンは花の形をしている。装飾性と実用性を兼ね備えたノリゲ本来の性格がよく現れている一品だ。

図15の鍍金三作ノリゲは投壺、案山子、粧刀を組み合わせた三作ノリゲだ。銀に金メッキをして色を統一し、玉をはめ込んだ同じ形の花模様の蓋で装飾している。スル（房）とタフェ（多絵）には、投壺と粧刀は黄色、案山子は紅の二色だけを使っている。

鍍金投壺三作ノリゲ（図16）は鍍金投壺三房を、鍍金板に福の字を彫ったティドンにつなげている。セクトン（多色）の房が華やかだ。鍍金ノリゲは冬季に宮中で金箔や織金の衣装に合わせて用いられた。

図17（52頁）の銀七宝三作ノリゲはナクチバルスル（タコ足状の房）に銀七宝で装飾した粧刀と小さな銀装飾の四角い香匣をつなげている。ティドンも銀に七宝を施してある。華やかというよりは素朴な美しさを感じさせる品だ。

琺瑯蝙蝠三作ノリゲ（図18）は琺瑯で装飾した銀の蝙蝠をそれぞれ

図12 虎足爪三作ノリゲ 澹人服飾美術館所蔵 37cm

Ⅳ ノリゲのいろいろ 46–47

図13 銀三作ノリゲ 国立民俗博物館所蔵 36cm

図14　銀三作ノリゲ　澹人服飾美術館所蔵　35cm

図15 鍍金三作ノリゲ 高麗大学博物館所蔵 34cm

図16 鍍金投壺三作ノリゲ　澹人服飾美術館所蔵　39.5cm

Ⅳ　ノリゲのいろいろ　50 − 51

青、紅、黄色のピョンアリメドゥプ（ひよこ結び）とタルギスル（頭が苺型の房）につけて仕上げたものだ。銀で作った四角のティドンには青い囍字の模様が見える。

　銀七宝三作ノリゲ（図19）は虎足爪、唐辛子、三千珠ノリゲの組み合わせで、ピョンアリメドゥプ（ひよこ結び）にナクチバルスル（タコ足状の房）を使い、銀七宝のティドンを組み合わせた三作ノリゲだ（三千珠は珠が三つついたもの。仏教の三千世界を象徴している）。大きな真珠三個で飾られた三千珠ノリゲは王妃だけが身につけることを許されたというが、写真のような銀七宝三千珠ノリゲにはそのような制限はなかったようだ。

　銀三作ノリゲ（図20）は銀で作ったクェブル袋（厄除け用の三角袋）一組、案山子、ポクチュモニ（巾着）を七宝紋様で装飾したものだ。その愛らしい様子からして幼い女児が身につけたものと思われる。

図17 銀七宝三作ノリゲ　国立民俗博物館所蔵　37cm

図18　琺瑯蝙蝠三作ノリゲ　澹人服飾美術館所蔵　36cm

図19　銀七宝三作ノリゲ　高麗大学博物館所蔵　35cm

Ⅳ　ノリゲのいろいろ　54-55

図20 銀三作ノリゲ 太平洋博物館所蔵 26cm

3．銀単作ノリゲ

　単作ノリゲは普段使いのアクセサリーとして金細工などですっきり仕上げたものが多い。ここで紹介する品は銀で龍の頭を形象化したり、鴛鴦(おしどり)のつがいを彫った単作ノリゲだ。

　図21は銀龍頭ノリゲだ。銀で龍頭を作り、それを花と玉の飾りのある銀の輪にかけたものだ。龍頭の左右には龍のヒゲが渦巻き模様でついており、龍のあごの下には玉の装飾があり如意珠（意のごとく願望を成就させてくれるという宝珠。龍が口にくわえている）を表している。タフェ（多絵）にはセンチョクメドゥプ（生姜結び）、チャングメドゥプ（長鼓結び）、ピョンアリメドゥプ（ひよこ結び）、トレメドゥプ（二重結び）など、多様な技法のメドゥプが使われている。

　図22は銀鴛鴦ノリゲで、鴛鴦の雄と雌の一組を青のククァメドゥプ（菊花結び）とポンスル（封房）につなげた単作ノリゲだ。鴛鴦の本体はもちろん、その間の部分にも琺瑯を施した跡が残っている。

図21　銀龍頭ノリゲ
梨花女子大学博物館所蔵　34.5cm

図22　銀鴛鴦ノリゲ　梨花女子大学博物館所蔵　36.5cm

Ⅳ　ノリゲのいろいろ　58 － 59

4．白玉単作ノリゲ

　白玉ノリゲは、そのさわやかで軽い質感を生かして夏のアクセサリーとしてよく使われた。ここで紹介する白玉ノリゲは単作ノリゲではあるが、細工と装飾が精巧で、長さは40cmを超える。玉は淡緑色または淡灰色の宝石で、災いを防ぐ神霊の力があると信じられていた。また、高貴な美しさの象徴でもあった。

　図23の白玉龍透彫ノリゲは英親王の王妃の遺品だ。四角い白玉板に龍を彫り、その真ん中に紅玉を一粒、上下に真珠を一粒ずつはめ込み、龍が如意珠をくわえている姿を表している。白玉板の上と下の鍍金をした輪には琺瑯を施して華やかさを増し、紅色の房をチャングメドゥプ（長鼓結び）にして結び、ナクチバルスル（タコ足状の房）をたらした。

　白玉竹葉透彫ノリゲ（図24）は楕円形の白玉板に竹葉をすっきりと洗練した形に透彫してある。実測図にあるように竹葉は表と裏が別々に彫刻されてあり立体感がある。銀で作った輪でナビメドゥプ（唐蝶結び）とネバルカムゲメドゥプ（菊花結びの一種で一辺の輪が4個）につながり、房はサンボンスル（双封房）を長くたらしている。

図23 白玉龍透彫ノリゲ
宮中遺物展示館所蔵　42cm

Ⅳ　ノリゲのいろいろ　60-61

図24　白玉竹葉透彫ノリゲ
梨花女子大学博物館所蔵　40cm

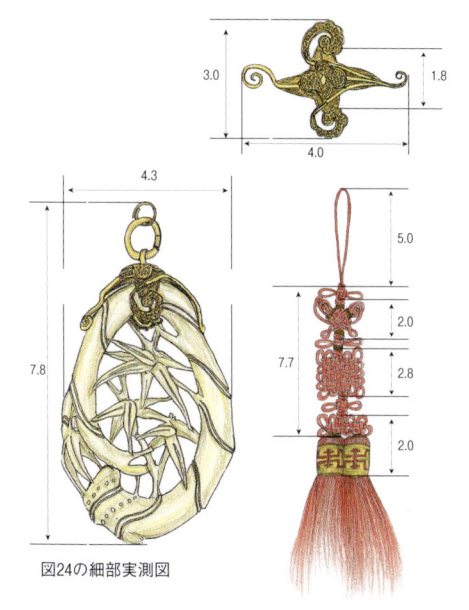

図24の細部実測図

5．琺瑯単作ノリゲ

　琺瑯はエナメルとも言い、鉱物性の素地、おもに鉄器などに釉薬を塗ってから熱処理を施したもので、表面がガラス質に変わり七宝色を帯びる。各種金属の装飾によく使用されるが、特にノリゲでは銀琺瑯が美しく精巧な装飾効果をあげている。

　写真の銀琺瑯虎足爪ノリゲ（図25）は虎足爪2個を琺瑯で装飾されたホルダーにいれて円型に固定したものだ。ホルダー部分には梅花などの草花紋様が透彫され、琺瑯が施されている。銀の上には赤い珊瑚玉をはめ込み装飾し、透彫した銀細工の下にも赤い布がはさんである。大きさは直径5～6cmで大きい方だ。金色のセバルカムゲメドゥプ（菊花結びの一種で一辺の輪が3個）にサンボンスル（双封房）をあわせている。全体の大きさは小さい方なので幼い女児のものだったと思われる。

　図26の銀琺瑯童子ノリゲは真紅色のククァメドゥプ（菊花結び）とポンスル（封房）で飾られている。長さは図25の虎足爪ノリゲよりも短い。

図25　銀琺瑯虎足爪ノリゲ
梨花女子大学博物館所蔵　28cm

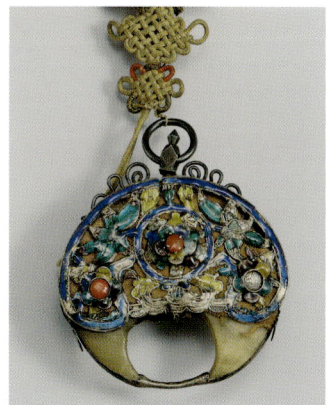

図26　銀琺瑯童子ノリゲ
澹人服飾美術館所蔵　27cm

Ⅳ　ノリゲのいろいろ　64-65

6．祈子ノリゲ

　ノリゲは朝鮮時代の女性たちの願いが込められたお守りでもあった。その中でも一番の願いが多男（男児をたくさん授かること）であり、男児を産みたいという女性の強い思いがノリゲにも現れていた。次は息子を意味するいろいろなシンボルの中からナスと唐辛子を使ったノリゲを紹介しよう。

　図27の銀琺瑯ナスノリゲは別銭模様のホルダー（輪）に5 cmを超えるナスを三つつなげて主飾りにしている。ナスと別銭には琺瑯が施されており、別銭の表面には寿福康寧の四文字が彫られている（実測図参照）。真紅色のセバルカムゲメドゥプ（菊花結びの一種で一辺の輪が3個）にサンボンスル（双封房）が美しい。

　銀琺瑯唐辛子ノリゲ（図28）は3個の唐辛子を黄色のメドゥプと青色のポンスル（封房）につなげて仕上げた品だ。唐辛子にはそれぞれ青色、玉色（空色）、黄色の違う色の琺瑯を施して華やかに装飾し、両側には珊瑚玉2粒ずつがついている（実測図参照）。新妻がつけたと見えて、大きさも小ぶりでかわいい。

図27　銀琺瑯ナスノリゲ
梨花女子大学博物館所蔵　27cm

Ⅳ　ノリゲのいろいろ　66 - 67

図27の細部実測図

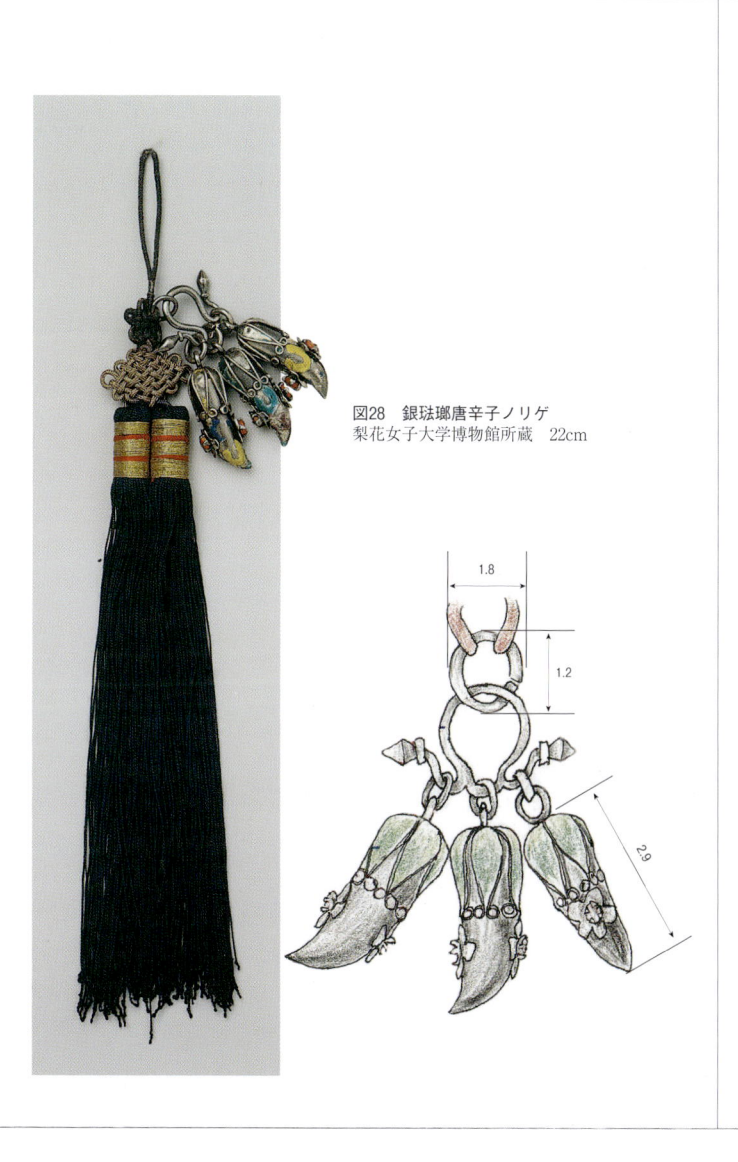

図28　銀琺瑯唐辛子ノリゲ
梨花女子大学博物館所蔵　22cm

7．粧刀ノリゲ

　粧刀は鞘のついた小さな刀のことだ。男女兼用の装身具で男性は腰帯、または上着のオッコルム（結び紐）につけ、女性はチマ（スカート）の中にそれだけつけたり、あるいはノリゲにして身につけた。粧刀の刀身は鋼鉄を使ったが、鞘と柄は銀、白銅、鍍金などを使い、犀角などの骨、柿、棗などの木材、珊瑚、翡翠、鼈甲などの宝石で作ったり、装飾したりした。

　銀琺瑯粧刀ノリゲ（図29）は粧刀に琺瑯を施した草花紋を装飾したノリゲで、鞘の外側に携帯用の箸がついており、箸にはカエルの形の装飾がある。実測図は上から①粧刀と銀の箸が一つになった状態（真ん中の丸い輪でクンモクにかける）と②③鞘からはずした状態の刀身と柄（長さ10.8cm）の前後面、④カエルの飾りのついた箸の順だ。

　図30の銀粧刀ノリゲは花紋と蔓草紋を彫り、その両端と中央に赤い珊瑚玉をつけた。紅色ククァメドゥプ（菊花結び）二つに粧刀をつけてセクトン（多色）のサンボンスル（双封房）をたらしてある。装飾は精巧だが、ノリゲ全体の長さは短く小ぶりな感じがする。実測図は上から眺めた粧刀と植物紋様の細部の様子だ。

　図31の珊瑚・孔雀石粧刀ノリゲ、珊瑚・琉璃粧刀ノリゲ、瑪瑙・翡翠粧刀ノリゲは鞘と柄にそれぞれ違う材料を使っており、柄と鞘の境に琺瑯を施し、蝙蝠を装飾した。粧刀の中間部

図29　銀琺瑯粧刀ノリゲ
梨花女子大学博物館所蔵　28cm

① 12.2
② 10.8 / 5.5
③ 2.2 / 10.8
④ 0.9 / 12.15

図29の粧刀の細部実測図

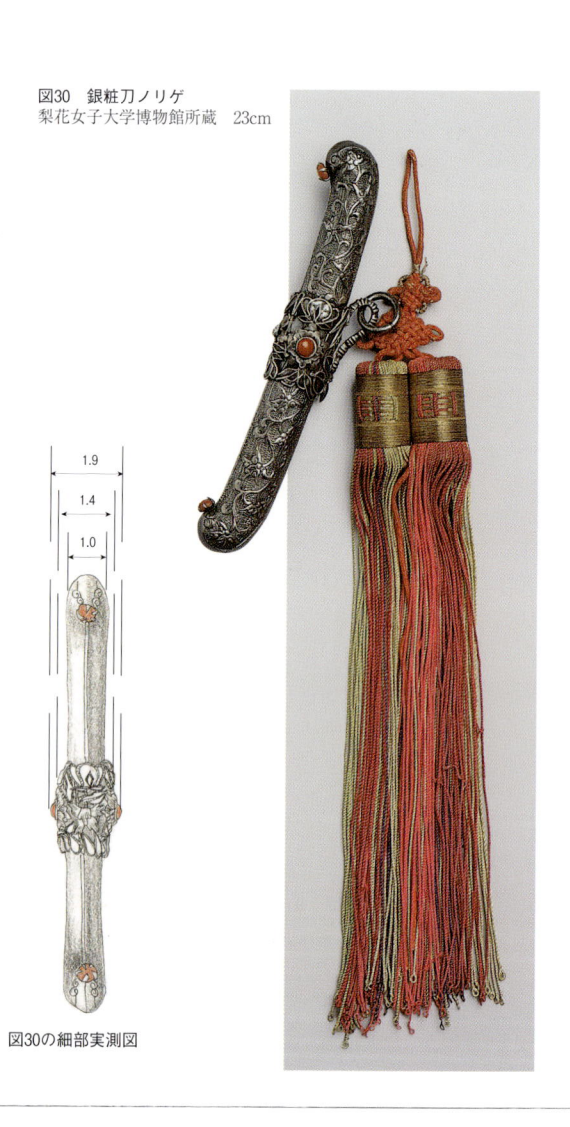

図30　銀粧刀ノリゲ
梨花女子大学博物館所蔵　23cm

図30の細部実測図

Ⅳ　ノリゲのいろいろ　70 − 71

分からでているグァンタフェは薄い黄緑、朱黄、紅色の糸で編んだものだが、中間部分はスル（房）が一部ほどかれている。

図31　珊瑚・孔雀石粧刀（上）、珊瑚・琉璃粧刀（中）、瑪瑙・翡翠粧刀（下）
宮中遺物展示館所蔵　40cm

8. パヌルジプ（針入れ）ノリゲ

　朝鮮時代の女性にとって裁縫は非常に重要な家事仕事であっただけでなく、裁縫道具はいつも手にしている日常的なものだった。それでパヌルジプ（針入れ）をノリゲにして、常に身につけていた。実用的なノリゲの典型である。針はまた、その役目が布を縫い合わせることなので、家の中をうまく繕い、家内の平和を保つ主婦の役割を象徴しているとも言える。

　銀琺瑯パヌルジプ（針入れ）ノリゲ（図32）は上下を分離して、開閉して使用できるようになっている。下の部分に髪の毛を入れて針がさびないように保管していた。上に跳ね上がったような針入れの曲線は朝鮮後期の服飾の曲線美を思わせる。銀製の針入れの中間には赤い珊瑚玉をつけ、花模様には朱黄色とコバルト色の琺瑯を施し、残りの空間は小さな粒をまいたような細工になっている。

　繡パヌルジプ（針入れ）ノリゲ（図33）はその基本構造は前述のノリゲと同じだが、素材は蓮花や木蓮などを刺繍した紅色の緞で、スル（房）の代わりに紅色の布をたらしている。上の部分はティドンもなく黄色の紐がついている。

図32　銀琺瑯パヌルジブ（針入れ）ノリゲ
梨花女子大学博物館所蔵　31cm

図33　スパヌルジブ（刺繍針入れ）ノリゲ
梨花女子大学博物館所蔵　24.5cm

Ⅳ　ノリゲのいろいろ　74―75

9．チムトン（針筒）ノリゲ

　チムトン（針筒）ノリゲは実用ノリゲのもう一つの典型だ。銀製の筒の中に針を入れて常に身につけるようにしたものだ。

　図34の二つのノリゲはともに銀製の針筒に梅木を彫り、琺瑯を施した実用的でありながら美しい装飾品でもある。針筒の下には蓋があり、開閉できるようになっている。ククァメドゥプ（菊花結び）にサンポンスル（双封房）をたらした。

　銀チムトン（針筒）ノリゲ（図35）は花紋を彫って装飾した六面柱の針筒をセンチョクメドゥプ（生姜結び）、チャングメドゥプ（長鼓結び）、ピョンアリメドゥプ（ひよこ結び）とナクチバルスル（タコ足状の房）につなげてある。上の部分の連結装飾と透彫した花紋の中間部分に紅色の布で作った玉の形の装飾があるが、これは（実測図参照）宝珠を形成したものと見られる。

　図36の銀チムトン（針筒）ノリゲは六角型の針筒と花紋を透彫した連結装飾が主装飾だ。針筒は芭蕉模様、両横には花紋を透彫して装飾した。上の部分の連結装飾と針筒左右の透彫花紋の中には赤い布が入れてあり、その色が外からも見える。ククァメドゥプ（菊花結び）とセバルカムゲメドゥプ（菊花結びの一種で一辺の輪が3個）をあわせた後で、赤いサンポンスル（双封房）をたらした。

図34 銀琺瑯チムトン（針筒）ノリゲ
梨花女子大学博物館所蔵　38cm、37cm

図35　銀チムトン（針筒）ノリゲ
梨花女子大学博物館所蔵　35cm

図35の細部実測図

図36 銀チムトン（針筒）ノリゲ
梨花女子大学博物館所蔵　27cm

Ⅳ　ノリゲのいろいろ

78-79

10. パンアタリノリゲ

　パンアタリノリゲは耳掻き、楊枝など、実用的な器具を一つにして身につけたものだが、その形がコメツキバッタの足に似ていることから、このような名前がついた。審美性が強調されたため実用的な機能はなくなった。その形（図37）からみて、何か呪術的な意味があるのではないかと思われるが、確かではない。右側のパンアタリノリゲは耳掻き一組と楊枝の組み合わせだ。両側の装飾には円形の寿の紋様がある。上の部分の輪には花紋を透彫し、黄色のセバルカムゲメドゥプ（菊花結びの一種で一辺の輪が3個）とサンボンスル（双封房）で飾られている。

図37 パンアタリノリゲ 梨花女子大学博物館所蔵 23cm、25cm

Ⅳ ノリゲのいろいろ 80-81

11. 香匣ノリゲ

　実用を兼ねたノリゲの中でも最も数が多いのが、香ノリゲで、その種類も多様だ。大きく分けると、香料を小さな袋や箱に入れてノリゲにした香匣（または香入れ）ノリゲと、香嚢（または香袋）ノリゲ、さらに香料を一定の方法で練って作った角香とパル香などがある。このようにいろいろな香ノリゲが発達したのは朝鮮時代の女性たちがそれだけ香を身近に愛用し大切にしていたことの表れである。

　昔の人々は香には神と人の交感を可能にし、邪鬼を追い払い、厄を防ぐ霊的な力があると信じていた。それで香を焚いて神仏を供養したのだ。さらに香は生活に穏やかな香りを加えるとともに、緊急時には薬用としても役立てられた。それでノリゲを作り絶えず身につけたり、あるいは部屋の中にかけておくことで、体のそばに常に香の香りが漂うようにしたのだ。香匣ノリゲはいろいろな材料を使って香匣を作り、その中に香を入れたものだが、香匣は透彫をしたり、金糸・銀糸をはめ込み内側には薄い生地を張って香りが漂うようにした。

　吉祥語紋香匣ノリゲ（図38）は銀香匣の透彫と銀糸細工が非常に精巧な一品だ。真ん中の厚い香匣の端には「亜」の字の模様をほどこし、銀糸で如意珠の紋様を作り、真ん中には「康」の字を、裏には「寧」の字を彫った。また香を包む紅色のお守りも入っている。

　寿五福紋銀泥糸ノリゲ（図39）は、銀糸を如意珠の形に組んで香匣を作ったものだ。真ん中には円形の寿の字、その周りには五福を象徴する蝙蝠五匹を彫り琺瑯を施してある。香匣の中の明るい紅色の布と

紅色のメドゥプそして紅色のスルが調和をとっている。

　寿五福紋金泥糸ノリゲ（図40の左）は前述のノリゲと形は似ているが金泥糸を使い円形にしているところが違う。真ん中の寿の字と蝙蝠には琺瑯を施した跡が残っている。ナビメドゥプ（唐蝶結び）の下に紅・青・黄色のタルギスル（頭がイチゴ型の房）を三房たらしている。金泥糸ノリゲは金糸香とも呼ばれている。右側の蘭草紋金泥糸ノリゲは金泥糸を組んで作った如意珠紋様の香匣に琺瑯を施した蘭草を装飾してある。鍍金に合わせた黄色のサンボンスル（双封房）がついている。

　図41も蘭草紋金泥糸ノリゲで基本的な構成は前述のノリゲと同じだ。青色のサンボンスル（双封房）が使われている。

　図42は琺瑯金泥糸香匣ノリゲで、英親王の王妃の遺品だ。金泥糸で如意珠の形の精巧な円形の網模様の香匣を作り、その表面に琺瑯を施した蔓草花紋を装飾してある。銀の鍍金で作った蓋の手には琺瑯を施した宝祥花紋がみえ、真珠をはめ込み装飾してある。香匣の中の紅色の香袋が透けて見える。苺のような形の香匣房が黄金色のメドゥプとスル（房）につながっており、非常に華やかで個性的な品だ。

図38 吉祥語紋香匣ノリゲ　梨花女子大学博物館所蔵　34.5cm

図39　寿五福紋銀泥糸ノリゲ　澹人服飾美術館所蔵　33cm

Ⅳ　ノリゲのいろいろ

84
-
85

図40　寿五福紋金泥糸ノリゲ（左）と
蘭草紋金泥糸ノリゲ
梨花女子大学博物館所蔵　36.5cm、38cm

図41　蘭草紋金泥糸ノリゲ
澹人服飾美術館所蔵　30.5cm

Ⅳ　ノリゲのいろいろ　86-87

図42 琺瑯金泥糸香匣ノリゲ
宮中遺物展示館所蔵　42.5cm

図43 童子紋繡香匣ノリゲ
高麗大学博物館所蔵　26cm

図44 虎紋繡香匣ノリゲ
高麗大学博物館所蔵　32cm

Ⅳ　ノリゲのいろいろ　88-89

童子紋繡香匣ノリゲ（図43）は黄緑色の絹布の真ん中に童子像を、そのまわりには仙雲、蓮花、波などを刺繡して作った香匣ノリゲだ。蓮花と童子は蓮生貴子を意味する。セクトン（多色）のサンボンスル（双封房）で華やかに仕上げている。

　図44は虎紋繡香匣ノリゲだ。前述の童子紋繡香匣ノリゲと雰囲気は似ているが香匣の真ん中に虎の刺繡がしてある。セクトンのタルギスル（苺房）でさらに華やかさをましている。

12. 角香ノリゲ

　角香ノリゲの角香はいろいろな香料と薬材を合わせて作る四角い練り香のことだ。そしてそれにいろいろな紋様を彫り、クンモク（組紐）とスル（房）をつけてノリゲにした。このタイプのノリゲは香匣ノリゲほど数が多くはないが、夏季に特によく着用されたという。

　螺鈿象嵌角香ノリゲ（図45）は麝香を四角にして作った角香の真ん中に、果実と書簡模様の螺鈿紋様を象嵌した珍しい品だ。厄を防ぐ紅色の角香の前面には松・竹・鶴・鹿などの十長生を、裏面にはヘテ（獅子に似た想像上の動物）のような獣を彫ってある。ククァメドゥプ（菊花結び）とセバルカムゲメドゥプ（菊花結びの一種で一辺の輪が3個）の間に角香を入れセクトンのサンボンスル（双封房）をたらした。

　植物紋の角香ノリゲ（図46）は四角い角香いっぱいに葉が茂り、花が咲く植物紋様が彫刻してある。ククァメドゥプ（菊花結び）とセバルカムゲメドゥプ（菊花結びの一種で一辺の輪が3個）のクンモク（組紐）もサンボンスル（双封房）もすべて紅色で統一されている。

　馬尾角香ジプ（入れ）ノリゲ（図47）は馬の尻尾を精巧に編んでその中に角香を入れたものだ。金色のタルギスル（苺房）がすっきり洗練されている。夏季に麻の服に合わせて着用したノリゲだ。

図45 螺鈿象嵌角香ノリゲ
梨花女子大学博物館所蔵
35cm

図46 植物紋角香ノリゲ
澹人服飾美術館所蔵
33.5cm

図48の金泥糸仏手ノリゲは非常に特徴のあるノリゲだ。主装飾の仏手は蜜柑の一種の仏手柑の形を真似ており、非常に珍しい品だ。仏手柑は長い楕円形の先が幾つにも分かれていて、その形が仏の手に似ていることからこのような名前がついており、香りが良いので盆栽でよく育てられる。このノリゲは金糸を編んで仏手の形を作り、その中に香を入れたものだ。蜜花仏手は蜜花（琥珀）の原石を削って仏手の形にしたものだ。金泥糸に合わせて金色のトレメドゥプ（二重結び）、センチョクメドゥプ（生姜結び）、ピョンアリメドゥプ（ひよこ結び）をつくり、その間に金糸で作ったカラクチメドゥプ（指輪結び）を入れて、タルギスル（苺房）を二つたらしてある。このような金色のノリゲはだいたいが冬季に金箔や織金で飾られた服につけられた。

Ⅳ　ノリゲのいろいろ

図47　馬尾角香ジプ（入れ）ノリゲ　梨花女子大学博物館所蔵　30cm

図48　金泥糸仏手ノリゲ　梨花女子大
学博物館所蔵　29.5cm

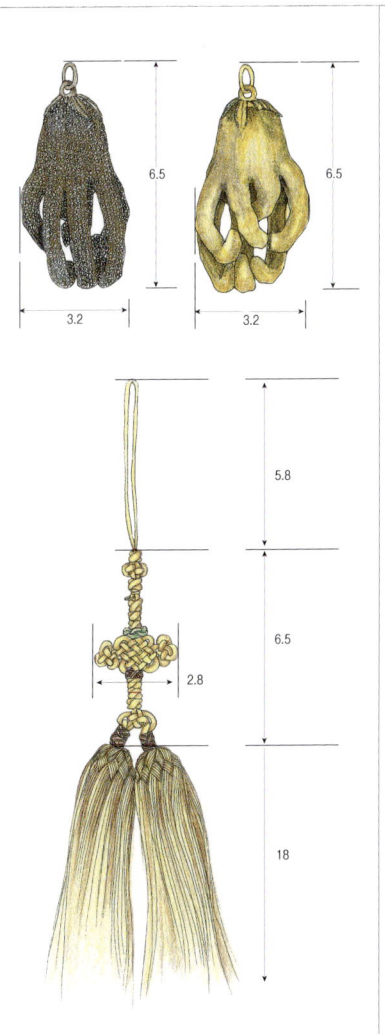

図48の細部実測図

13. 翡翠毛パル香ノリゲ

　パル香は円筒形の香木の破片を足の形にした個性的な形のノリゲだ。

　図49のノリゲは香木の破片を糸につないで五列、上下二段に配置し、香木の破片にはコバルト色の鳥の羽の翡翠毛をつけて装飾してある。二段の香木の上、その中間と下段には青桃、花、囍木などを刺繍した紅色の絹をあて、左右両横には紅色房、下には四列の珊瑚玉と三色の装飾スル（房）をたらすという非常に印象深いノリゲだ。

　パル香は主に宮中で使われたが、王妃や妃だけでなく尚宮（女官）たちも紅、白、緑、青など、四色の香を念珠の形に結んだ数珠香をいつもチマ（スカート）の中につけており、香は宮中の女たちの必需品だったと言える。

図49 翡翠毛パル香ノリゲ
梨花女子大学博物館所蔵　42cm

14. スヒャンナン（繡香嚢）ノリゲ

　ヒャンナン（香嚢：香を入れる巾着）を主装飾として作られたノリゲだ。漢緞、貢緞（繻子、サテン）、錦緞などを材料としており、いろいろな形の巾着を作り、外には多様な紋様を刺繍して美しく飾った。色は緑色、薄紅色、深紅色のものが多い。材料の性質上、香嚢ノリゲは全部刺繍ノリゲだ。

　蝙蝠香嚢ノリゲ（図50）は紅色の絹地を使い羽を閉じた蝙蝠の形を袋にしたもので天桃型の蓋がつけてある。袋の中央に配置した鬼面の口の中には寿字の紋の舌があり、その周りには草花模様が刺繍されている。下には左右それぞれ四列ずつ、紅、緑、黄色のポンスル（封房）がつけられ、ポンスルの頭には瓢箪形に真珠色の玉がメドゥプにつながっている。

　このノリゲとほとんど同じ繡蝙蝠香嚢ノリゲ（図51）はスル（房）が左右それぞれ六列ずつだ。蝶繡香嚢ノリゲ（図52）は赤い貢緞に金糸で蝶の紋様のチングム繡（かけとじ繡い）を施した。金糸は黄色の糸に薄く金箔を施して作ったもので、ポンスル（封房）の上の部分も同じ金糸を絡ませて装飾してある。金糸チングム繡は宮中や上流階級で使われていた刺繍で、刺繍の形は単純なように見えるが、金糸が精巧で華やかだ（実測図上）。ほとんどの香嚢はメドゥプの端が香嚢の中を通るように作られているが、このノリゲはメドゥプの端が香嚢の裏側に行くようにしてあり、外からも見えるようになっている（実測図

図50 蝙蝠香嚢ノリゲ 淑明女子大学博物館所蔵 22cm

図51 繡蝙蝠香囊ノリゲ 澹人服飾美術館所蔵 28.5cm

Ⅳ ノリゲのいろいろ 98-99

図52の細部実測図

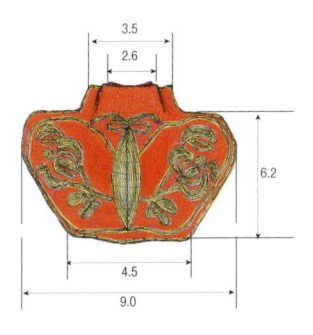

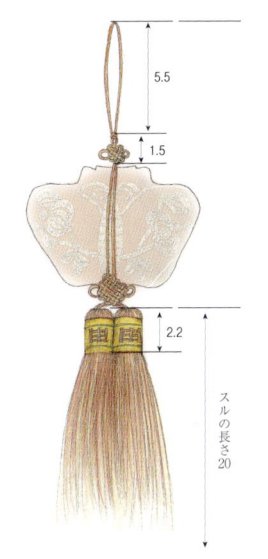

図52　蝶繍香嚢ノリゲ
梨花女子大学博物館所蔵　33cm

図53　蝶香嚢ノリゲ　澹人服飾美術館所蔵　18cm

Ⅳ　ノリゲのいろいろ

100 － 101

下)。

　蝶香囊ノリゲ (図53) は蝶の形の香囊を主装飾としている。蓋は無く、上のギャザーを引っ張り紐で結ぶスタイルだ。紅色と緑色と黄色のスル (房) 四列がつけられている。

　図54の蝉香囊ノリゲは蝉の形を真似た香囊ノリゲだ。いろいろな色のガラス玉で蝉の胴に太極と八卦を刺繍してセクトン (多色) のサンボンスル (双封房) をたらした。蝉の体に香を入れて頭の部分を蓋のようにして着用した。

　紅色の絹の香囊に金糸でチングム繡を施した天桃香囊ノリゲ (図55) は香囊の本体が天桃の形をしており蓋には蝙蝠の模様が刺繍してあり、二つ合わせて寿福を象徴している。香囊の上には黄色のクンモク (組紐)、左右にはそれぞれ四列のスル (房) がついている。

　蓮花香囊ノリゲ (図56) は紅色の絹緞を蓮花の花を逆さまにした形に裁断した香囊を作り、金糸のチングム繡で飾ったものだ。蓋はなく香囊は紐で結ぶようになっている。八列、四色のポンスル (封房) がつけてある。

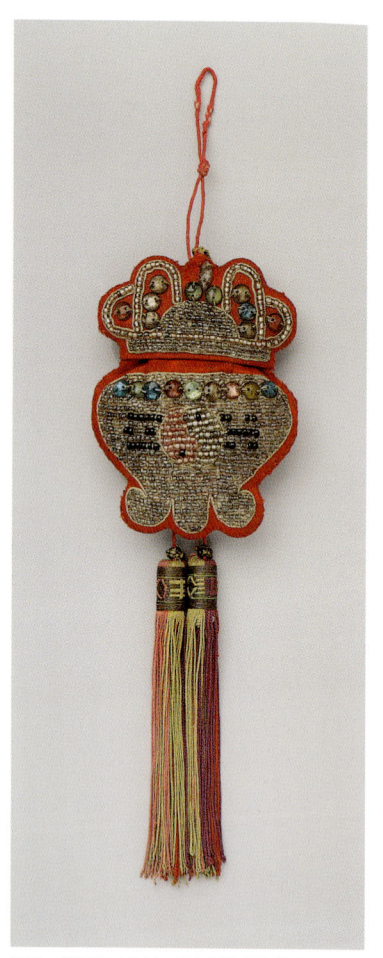

図54 蟬香囊ノリゲ 澹人服飾美術館所蔵 25cm

Ⅳ ノリゲのいろいろ

102
−
103

図55　天桃香嚢ノリゲ　淑明女子大学博物館所蔵　22.3cm

図56 蓮花香嚢ノリゲ　淑明女子大学博物館所蔵　26.5cm

Ⅳ　ノリゲのいろいろ

104

V 生活の中のノリゲ

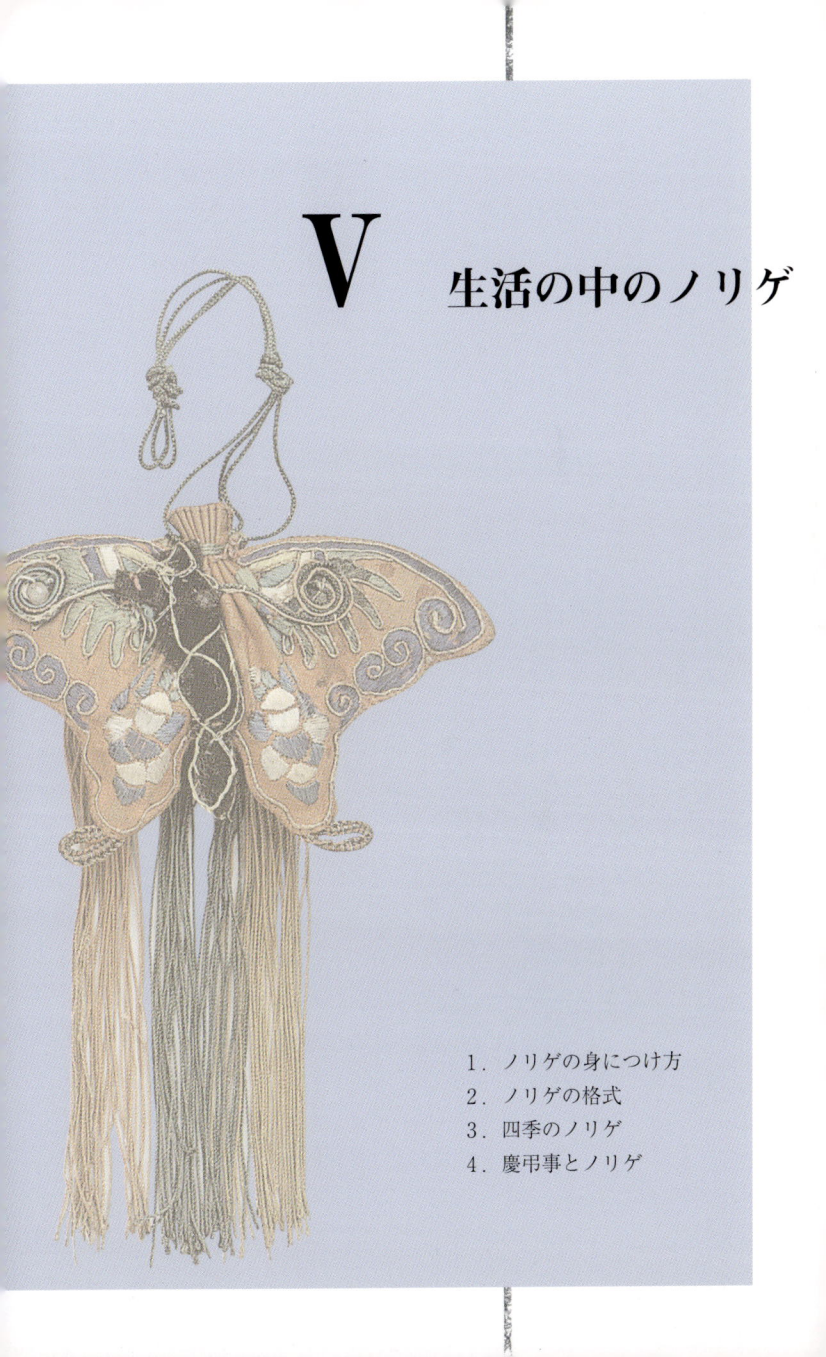

1. ノリゲの身につけ方
2. ノリゲの格式
3. 四季のノリゲ
4. 慶弔事とノリゲ

1. ノリゲの身につけ方

　前述したようにノリゲは韓国の伝統衣装である韓服のチョゴリ（上衣）のコルム（結び紐）や、ホリチュム（腰紐）の部分につける装身具だ。その際、コッコルム（外側の結び紐）は右側、アンコルム（内側の結び紐）は左側の胸元に位置している。ノリゲの種類によって、コッコルムにつけるか、あるいはアンコルムにつけるかが決められているわけではないが、ソクノリゲともよばれたアンコルムにつけたノリゲは小ぶりなノリゲ、つまり繡ノリゲや香嚢ノリゲなどが多かった。一方、コッコルムにつけるものは大きく華やかなものが多かった。またソクノリゲは服の内側につけるのでその姿が全部見えるわけではなく、他人に見せるための装身具と言うよりは、女性たちの願いのこもったお守りとしての性格が強かったと言える。

　ノリゲを着用した実際の姿は、朝鮮時代の風俗画や開化期の写真などで確認することができる（図57-1, 2）。これだけでもノリゲが普段から日常的に身につけられていた事が分かるが、ここに出ているノリゲは当然外から見えるコッコルムノリゲだ。そのような資料の中で朝鮮後期の画家・申潤福（1758〜？）の「美人図」（図58）は非常に珍しく貴重な資料だ。他の資料で確認できるノリゲは正装につけるノリゲだが、この作品に登場するノリゲは服を脱いだ美人が今まさにノリゲをはずそうとしている場面を描写している[4]。

図57-1 ソンビ 「写真で見る朝鮮時代の生活と風俗」から模写

図57-2 妓女 「写真で見る朝鮮時代の生活と風俗」から模写

4 オ・ジュソク『韓国の美特講』p.205

この絵の中の美人はチョゴリ（上着）のコルム（紐）をほどきコルムにつけていたノリゲを取ろうとしているが、このノリゲは吉祥語紋のような円形三つを藍色のタフェ（多絵：組紐）一房につなげた単作ノリゲで、ティドンはなくタフェの端の輪に右側のコルムをかけて着用しているように描かれている。そのため美人はコルムをほどいた際にノリゲが床に落ちないように両手でノリゲを押さえているのだ。一日の日課を終えた女性が自分の部屋に戻ってきて服を着替える場面のようだが、大きなタレモリ（付け髪をしたヘアースタイル）と鮮やかな玉色のチョゴリ、藍色のチマ（スカート）という姿からして、この女性が妓女であることは間違いない。

　しかしノリゲは妓女など一部の階層だけではなく朝鮮時代の女性が身分の上下に関係なく着用していた装身具だった。ノリゲは美しさに憧れる女性の心の現われであるだけでなく、一家の女主人として家門と子孫の繁栄を祈るお守りであり、婦徳を誓う象徴でもあった。それで上品な女性たちは時と場所にあわせてノリゲを着用し、ペムルポ（図59）に包んで大切に保管し、やがて時がたてば母から娘や嫁に代々、伝えることで両班家門の家の伝統を語る家宝となっていった。

図58 美人画 「韓国の美」20人物画

図59 ペムルポ 韓人服飾美術館所蔵

2．ノリゲの格式

　ノリゲは大切にされていた分、格式にも非常にうるさかった。装飾が高価で大きなノリゲは儀礼の時に着用され、日常のノリゲとは区別されていた。また値段が高価なため実際に着用するノリゲは階層間で差があるほかなかった。ノリゲを各種儀礼や行事の格式に合わせるのはもちろん、着用者の所属階層を表す標識にもなっていた。

　このようなノリゲの特徴は宮中の風習によく現れている。朝鮮王朝の末期、宮中生活を直接経験した尚宮（女官）らの話を聞いてみると、宮中でノリゲを着用できるのは王妃と王子妃、正一品の位を授かった王の側室、公主（王女）、翁主（側室から生まれた王女）と王室の女たち、さらに階級の高い文武官の夫人たちだけだ。またクンモリ（付け髪をした大きなヘアースタイル）の正装には大三作ノリゲが、タンイ（唐衣）を身につけた小礼服には中三作ノリゲが、普段の装いには小三作ノリゲが着用された[5]。

　数あるノリゲの中でも最も位の高いのは王妃の正装の際にだけ着用された三千珠ノリゲだが、仏教の三千大千世界を象徴するこのノリゲは非常に大きな真珠三個をつけた三列のノリゲだったという[6]。

　反面、同じ宮中の女性たちでも階級の低いナイン（内人）と呼ばれる女官たちはノリゲの着用が禁止されていたが、一生に

一度、冠礼の時に限ってノリゲを身につけることが許された。冠礼とは、4〜5歳で宮中に上がった彼女たちが、15年目に受ける儀式でこれから一生宮中で生活することを誓約し、王の女性となることを誓うものだ。そのため婚礼に準じて行われ、身分の低いナインでもこのときだけは玉色のパンフェジャンチョゴリ(半回装チョゴリ:襟と結び紐、袖口に別色の布が使われている上衣)とキョプチマ(裏地を当てたチマ)、ウォンサム(円衫:チョゴリの上に着た女性の礼服)姿にノリゲをつけた。冠礼の当日のナインはその日一日だけは、位の高い内命婦の待遇を受けるのだ。これは民間の婚礼風俗で庶民層の新郎、新婦が婚礼の時だけ両班の装いをするのと同じことだ。

---

5 「サムチュクダン金氏(高宗の側室、1890—1970)証言」キム・ヨンスク『朝鮮朝宮中風俗研究』p.320
6 ユ・ヒギョン『韓国服飾史研究』p.526

3．四季のノリゲ

　服飾生活は季節に従い服地、色、構造を変えるが、それに伴いノリゲの着用もまた同様に変わった。このような事実は朝鮮王朝第24代王の憲宗（在位1834～1849）の時の記録「順和宮帖草[7]」に詳しい。「順和宮帖草」によると服飾に関連した宮中の歳時風俗で重要なものは王の誕生日と元旦、冬至と旧暦の1月15日などだが、その他、4月8日（釈迦誕生日）、5月の端午節、秋夕（旧暦の8月15日）なども季節の服飾を着替える、衣更えの日となっている。その中で真冬に該当する元旦の服飾は

・緑色の織金の唐衣、藍色のスランチマ、赤紫のスランウッチマ
・三列ノリゲ、真珠嚢子
・クンモリ、七宝

となっている。装いの格式は小礼服だが、一段のスランチマ（裾の部分に布を継ぎ足した長いチマ。継ぎ足す部分が一段のものと、二段のものがある）と真珠嚢子からみて、この装いは小礼服の中でも最も格の高い正装だと言える。特に真珠嚢子は紅色貢緞に緑豆くらいの大きさの真珠の細粒を無数に飾った最高級

7　淑明女子大学博物館所蔵　「四節服飾・資料要覧」と「国忌服飾・素膳」の2巻になっており、宮中服飾生活の重要な資料

の装飾品だったので、この装いのノリゲが前で言及した三千珠真珠ノリゲだったものと思われる。

「順和宮帖草」はその他の、四季の服飾についても詳しく記載している。例を見てみると。

"4月（陰暦、以下すべて同様）念後（20日以後）には天気が暑いので（中略）貢緞の上のチマは暑苦しい。（中略）黄糸の唐チョゴリに絹糸のチマが良い（後略）"

と書いてあり、伏中（土用の丑の日）の装いとしては

"6月旬望間（＝10〜15日の間）の暑い日にはモシ（カラムシ織）の唐ハンサムを着れば良い"

とあり、9月にはハンラ（亢羅）唐チョゴリと貢緞一重の唐チョゴリを着始め、10月の初めには初冬の装いをするとある。

"10月初めの1日キョプタンコイ（裌唐衣：冬用の袷の唐衣）に金の指輪をはめ、龍のトグジ（クンモリを結う際に頭に乗せた木の枠）を乗せ（後略）"

などという記載だ。

これらの四季の服飾とともにノリゲも変えていたことが「帖草」の次のような記述で確認できる。

"ノリゲは春秋と夏には真珠や玉のノリゲをつけ、冬にはオクチョプの香や瑪瑙、蜜花ヒャンチョプなどの類をつける"

この言及で「オクチョプ」や「ヒャンチョプ」がどんな細工を指すのかは詳しくは分からないが、夏には玉ノリゲ、冬には香ノリゲを身につけたということは確かだ。しかし「帖草」はこのような昔の古い規則を守るのが難しければ、冬には玉ノリゲでも厚いものをつければよく、なるべく軽いものはつけないようにと薦めている。これは宮中のノリゲの風習が時代に従い変わっていったことを示しているものだが、「帖草」の記録をまとめてみると夏には軽く、感触の柔らかい材質のノリゲを冬にはどっしりとしたノリゲをつけたということだ。

4．慶弔事とノリゲ

　宮中のノリゲの中でここで説明するのは朝鮮王朝の最後の王である純宗（在位1907～1910）の初婚（1882）の時の結婚式「壬午嘉礼」のカンテク（揀択：配偶者選び）の時の服装と、「順和宮帖草」にある国忌の際の服飾の例だ。

　まず「壬午嘉礼」の記録では妃候補の二次試験である再揀択に残った後、宮中から娘に贈る礼物の中にはチョクトゥリ（冠）の珊瑚樹、真珠ヌングムテンギ（リボン）、真珠指輪などとともに真玉、紫瑪瑙、蜜花の鯉三作ノリゲが入っていると記録されている。またこれに合わせる衣装は青磁色の別紋緞（別紋入りの絹織）の唐衣、松花色（薄黄色）チョゴリ、深紅色のキョプチマ（裏地を当てたチマ）などで、小礼服の格式を整えていると言える。

　お妃候補に最後まで残った娘はそのまますぐに別宮に入ることになるが、そのときの服装は

・緑色の織金円衫、松花色チョゴリ、スランウッチマ（下に着る、先に着るチマ。この上にキョプチマを重ねて着る）、深紅色のキョプチマ
・七宝のチョクトゥリ（冠）
・真珠玉蝶一組ノリゲ
・真珠ナンジャ（付け髪）

と書いてある。ウォンサム（円衫）と真珠ナンジャは大礼服に準ずる

格式だ。そしてこれにふさわしい装身具が真珠ナンジャと真珠ノリゲであることが分かる。蝶ノリゲが夫婦の和合を象徴することは前述したとおりだ。

次は「順和宮帖草」に出ている国忌の服飾に関して見てみると、忌日（命日）に妃嬪等は忌祭（祭祀）には出席しなくても、忌服を身につけ謹慎しなければならなかった。

憲宗の曽祖父である正祖の忌日（6月28日）の前の晩の服装は

・蜜花チョクトゥリ琺瑯竹簪
・白タンハンサム（白唐衣）、白キョプチョクサム（袷の単衫。形はチョゴリと同じ上衣）、ナムチマ（藍色のチマ）
・蜜花三作ノリゲ

また忌日当日にはノリゲをつけず、指輪もはめない。これは喪事にはいかなる装身具も身につけないのと同じことだ。

VI ノリゲの美学

1. ノリゲの美学
2. 結び：現代韓服とノリゲ

1．ノリゲの美学

　ノリゲは伝統的な韓服の美しさの一つの頂点だ。ノリゲはそれ自体の美しさで人々を魅了するだけでなく、服全体と調和をとって韓服の美しさをさらに引き出している。

　韓服、特に女性の韓服はその様式と構造、デザイン面で非常に特徴があると言われている。そして韓服の美しさは数千年にわたって続いてきた伝統の美しさであると言える。その中でもノリゲと関連しては次のようなことが指摘できる。

①韓服は上下、チョゴリとチマ、チョゴリとパジに分離した二部形式の服だ。服の装飾面が分割されているため上下がつながっている中国の旗袍（チーパオ：チャイナドレス）や日本の着物とは根本的に違う。

②服飾美学の観点から見ると、服の面は絵画の画幅のようなもので、この面が広い服は華麗な紋様で画面を満たし、それで服の美しさを強調する傾向がある。絵画的な染色デザインの際立つ日本の着物がその代表的な例だ。反面、上下が分かれており装飾面の狭い韓服は生地も無地か単色を主に使い、模様の華やかさよりは高明度、無彩色、低彩度の寒色を配色して美しさを演出している。その結果、韓服姿は端正、貞淑で落ち着いて見え、溌剌、強烈、活動的な印象を与えることはない。その点を

カバーするために登場してきたのがノリゲだ。ノリゲの原色的なアクセントが服全体に活気を与えてくれるのだ。

③韓服のもう一つの特徴は比例にある。チョゴリは非常に短く、小さいが、チマは長く大きい。他の言葉に言い換えれば、短衣長裳、上軽下重だ。だいたいの計測結果を見るとチョゴリの長さを1とした場合、チマの長さは2.5、服の幅は腰回り（ウエスト）部分を1とすると、チマの幅は2.5で、着用者の身長と身幅（チマの前幅であるナビ）の比率は1対0.8くらいになる。そのシルエットは先の短い円錐形に近い。開化期に韓国にやってきた西洋人たちはこのシルエットがその当時ヨーロッパで流行していた服装とたいへんよく似ていると言っている。

このような韓服の比例は見た目にも安定感がある。重さの中心が下の方にあるからだ。そのかわり行き過ぎた上軽下重は服のバランスを壊すおそれがある。着丈が20cm内外に過ぎなかった朝鮮時代後期の女性の服がそのような扱いだといえる（図60）。しかし、昔の人々は優れた服飾感覚でその不均衡を克服している。その方法の第一番目は大きな髪飾り、二番目がチョゴリの装飾の強化だった。上半身の重さを補強することでバランスの回復を狙ったのだ。それがノリゲというチョゴリの胸飾りが発達した理由だった。このようにノリゲは韓服の様式と構造的な特性の産物であり、その発達はチョゴリの短小化と関連がある。

チョゴリの短小化は韓国服飾史の一貫した流れとして把握されている。高句麗古墳の壁画に見られる長いチョゴリがだんだんと短くなり、現在のような短いチョゴリができあがった。この過程でチョゴリのティ（紐、帯）が無くなり、それに代わってコルム（結び紐、チョゴリについている）が登場し、チョゴリの各部の模様も変わって来るが、

図60　朝鮮の女「コリア・スケッチ」

Ⅵ　ノリゲの美学

120
―
121

その変化の方向は洗練化、装飾化に要約される。その明らかな例が、第一は朝鮮時代に発達したサムフェジャンチョゴリとコルムの長大化だ。サムフェジャンチョゴリは衿、脇、袖口、オッコルム（結び紐）だけを違う色にしたチョゴリのことだ。これは色彩模様に負けない装飾効果を出すだけでなく。一方の袖口からもう一方の袖口まで同じ色彩が反復するというリズムも作りだしている。またサムフェジャンと同じ色で作った、幅広く丈も長いコルムは胸の真ん中に大きな輪を作り同じ色の衿へとつなげることで大きな効果を出しており、トリョン（チョゴリの裾）の下に長く伸びるコルムはチョゴリの短さをカバーしている。

　しかしこれだけではチマの豊満さをカバーすることはできない。そこで他の装身具で補強しようとしたのだ。その装身具がノリゲだ。その場合、注目すべきは服の装飾はひたすら胸の部分に集中しているという点だ。対面する人の視線がここに集中するからだ。したがってチョゴリの装飾強化は当然だが、それに追加されたノリゲの装飾効果もまた非常に大きかったと言える。

　さらにノリゲはチョゴリの丈よりも長く、装飾が華麗でメドゥプの原色も鮮明だったため華奢なチョゴリの前身ごろに強烈なアクセントを与えるのに十分だった。チョゴリの下まで垂れているノリゲのスルは長いコルムと同様にチョゴリの下のラインを分割して、チョゴリの短小さを和らげる効果が期待できる。

　ノリゲの美しさは機能だけでなく、韓服生活全体との調和の中にあると言えるだろう。この点は前述した四季の服飾とノリゲ、儀礼服飾の格式とノリゲの関係にも表れている。季節にしたがい夏の軽い服装にはさわやかな材質のノリゲ、冬の厚い装いには重厚なノリゲで調和をとった。また儀礼の際に身につける唐衣はその面が広いので大三作ノリゲを身につけ、その面の狭い日常的なチョゴリには小型の単作ノ

リゲを着用した。
　また色彩感覚の面から先人たちはチョゴリの色とノリゲとの調和に気を使っていたことが分かる。例えば、前でも引用した「順和宮帖草」には

"孔雀石はコド（白いキョプチョゴリ）と紫朱色のチョゴリにつけ珊瑚や瑪瑙は紫朱色のチョゴリ以外なら何でもよく蜜花は玉色と紫朱色のチョゴリに着用する（後略）"

とある。季節の服飾と同様に服の色に従いノリゲの材質を変えていたことが分かる。

2．結び：現代韓服とノリゲ

　この100年間に、王朝社会の崩壊、日本の植民地時代、独立と戦争、経済開発などを経て私たちの服飾生活も多くの変化を遂げてきた。その間、ノリゲは忘れ去られた時期もあったが、1970年代以後ノリゲに対するブームがまた起きている。もちろん、その使い方は昔とは違うが、現在でもノリゲは韓国女性に広く愛されていると言える。

　その間、韓服は実用性と美意識の強調という大きな変化を遂げてきた。70年代以後には韓服は主に旧正月や秋夕（旧暦の8月15日）の時の晴れ着、または礼服として使われるようになり、その実用性よりは美意識を追求する傾向が強くなっている。

　このような変化は伝統様式の伝承と伝統様式からの逸脱を同時に追求しているものだと言える。開化期以後、韓服の実用性強調とともに、一時は長くなったチョゴリが再び短くなり、短くなったチマは再び長くなった。その結果生まれたシルエットは優雅なAラインを描き、チマを体に巻きつけるようにまとうというものだ。腰飾りをたくさんして腰と尻の部分を膨らませた伝統韓服に比べてラインの流れがはるかに自由だ。

　装飾面では原色的な生地と紋様の大胆さと大型化が目立つ。八幅とその幅が広くなったチマには山水画や花蝶図が描かれる様になり、屏風を連想させる装いも見られ、刺繍やアップリケなど、装飾材料や技法も多様になっている。

　また主にチョゴリの衿、袖口、コルムに使われていた金箔が両肩、

チマの段（スランチマの裾に継ぎ足した部分）や裾にまで拡大し、王妃の服にだけ許されたポ（補：刺繍の施された丸い布）も一般の人が両肩に施紋している。それとともにチョゴリの各部の装飾も進行した。袖のラインが優雅な線を描き、すっきりした余裕を作り出し、コルムはその先が膝まで達するほどに長大化し女性らしい華やかさを増している（図61-1,2）。

　前述したようにこれらの変化は伝統の継承と逸脱が同時に起こっているものだとも言えるが、それよりもむしろ70年代以後の服飾生活の向上、そして洋装生活の普遍化に伴う美意識の変化、韓国の伝統文化に対する関心の高揚を反映していると言える。そのため70年代以後の韓服の変遷は韓服の創造的な継承、または新たな展開だと見ることができる。それではこのような大きな流れに照らし合わせてみた時、ノリゲはどうだろうか。

　現在のノリゲに対する嗜好度調査や市場調査はないが、ノリゲを作って売る貴金属商の取引状況や結婚の風俗の推移を観察してみれば、現代の韓国女性はノリゲを好きなことは好きだが、たびたび身につける状況ではないと言える。言い換えれば、ノリゲに対する嗜好度は高いが使用頻度は低いということだ。

　このような現象に対する説明としては、前で言及したように韓服、特にチョゴリの装飾化が進行した結果、チョゴリの装飾であるノリゲの機能がその影を潜めるようになったこと、ノリゲを着用する機会が少なくなったことなどで説明できるだろう。反面、ノリゲ自体がもつ韓国的な美しさ、ノリゲに込められた寓意が韓国の女性の美意識や祈福思想と結びつきノリゲを着用はしないものの、一つ、二つは手に入れ娘や嫁に揃えてやりたいと思うようになった。それでは現代のノリゲの現況を見

図61-1　1975年の女性

図61-2　1976年の女性 『韓国服飾史論』
イ・キョンジャ

てみよう。

- ノリゲは1970年代以後、新婦への結納品となっている。また贈り物として使われる場合もある。
- それで1970年代以前に結婚した人よりも、若い層にノリゲを所有している人が多く、嗜好度も若い層のほうが高い。
- これらのノリゲはたいがい貴金属商の職人の手による作品であり、デザインは伝統ノリゲを模倣するのにとどまっている。しかしノリゲをネックレスにデザインしたり、壁掛けに変身させた例もある。
- ノリゲの材質は純金が多い。実用的というよりは宝石として扱われている。
- ノリゲは主に旧正月や秋夕、パーティのときになどに使われているが、韓服には必ずノリゲをつけなくてはならないとか、ノリゲをしないと格式に合わないなどと考える人は多くないようだ。

総合的に言えば、ノリゲは現代女性にもアピールする「何か」を備えているが、その「何か」の活用が上手くいっているとは言い難い。そのため今後はノリゲの備えている従来の美しさをそのまま保つだけでなく、その美しさを生かして現代の生活を豊かにするものにしなくてはならない。例えば、ノリゲの主装飾として現代的なモチーフを開発し、洋装でもノリゲを使えるようにデザインするとか、高価な大三作ノリゲよりは軽い単作繡ノリゲを美しくデザインすることでノリゲに大衆性を付与することができるだろう。

ノリゲを骨董品で終わらせるのではない、生きている伝統の

一部としてとらえ、現代韓服が新しい展開過程を経て新しい韓服美を作り出したように、現代のノリゲも変身を遂げて、新たな美しさを花開かせるようにしたい。

図版目録

図1	ノリゲの構成と各部の名称　p.10
図2	三作ノリゲを着用した姿（新婦）　p.10
	「写真で見る朝鮮時代の生活と風俗」から模写
図3	ティドン　p.12
	「ウリオッと装身具」イ・ジョンジャ外、「澹人服飾美術館開館記念図録」チャン・スクファンから
図4	各種メドゥプ　p.13
	「韓国メドゥプ」キム・ヒジン
	センチョクメドゥプ（生姜結び）、ヨンボンメドゥプ（蓮のつぼみ結び）、ナビメドゥプ（唐蝶結び）、ククァメドゥプ（菊花結び、玉房結び）、トレメドゥプ（二重結び）、メミメドゥプ（蝉結び）、チャムチャリメドゥプ（トンボ結び）
図5	子ども　p.18
	「写真で見る朝鮮時代の生活と風俗」第12章から模写
図6	宮中女官の服装　p.19
	Old Korea　The Land of Morning Calm（Elizabeth Keith and Robertson Scott）の絵
図7	大三作ノリゲ　p.37
	梨花女子大学博物館所蔵　32cm
図8	大三作ノリゲ　p.40
	澹人服飾美術館所蔵　39cm
図9	大三作ノリゲ　p.41
	梨花女子大学博物館所蔵　36cm

図10	童子三作ノリゲ p.43	
	宮中遺物展示館所蔵	29.5 cm
図11	翡翠蝙蝠三作ノリゲ p.44	
	澹人服飾美術館所蔵	33cm
図12	虎足爪三作ノリゲ p.46	
	澹人服飾美術館所蔵	37cm
図13	銀三作ノリゲ p.47	
	国立民俗博物館所蔵	36cm
図14	銀三作ノリゲ p.48	
	澹人服飾美術館所蔵	35cm
図15	鍍金三作ノリゲ p.49	
	高麗大学博物館所蔵	34cm
図16	鍍金投壺三作ノリゲ p.50	
	澹人服飾美術館所蔵	39.5 cm
図17	銀七宝三作ノリゲ p.52	
	国立民俗博物館所蔵	37cm
図18	琺瑯蝙蝠三作ノリゲ p.53	
	澹人服飾美術館所蔵	36cm
図19	銀七宝三作ノリゲ p.54	
	高麗大学博物館所蔵	35cm
図20	銀三作ノリゲ p.55	
	太平洋博物館所蔵	26cm
図21	銀龍頭ノリゲ p.57	
	梨花女子大学博物館所蔵	34.5 cm

図22	銀鴛鴦ノリゲ p.58	
	梨花女子大学博物館所蔵　36.5cm	
図23	白玉龍透彫ノリゲ p.60	
	宮中遺物展示館所蔵　42cm	
図24	白玉竹葉透彫ノリゲ p.61	
	梨花女子大学博物館所蔵　40cm	
図25	銀琺瑯虎足爪ノリゲ p.63	
	梨花女子大学博物館所蔵　28cm	
図26	銀琺瑯童子ノリゲ p.64	
	澹人服飾美術館所蔵　27cm	
図27	銀琺瑯ナスノリゲ p.66	
	梨花女子大学博物館所蔵　27cm	
図28	銀琺瑯唐辛子ノリゲ p.67	
	梨花女子大学博物館所蔵　22cm	
図29	銀琺瑯粧刀ノリゲ p.69	
	梨花女子大学博物館所蔵　28cm	
図30	銀粧刀ノリゲ p.70	
	梨花女子大学博物館所蔵　23cm	
図31	珊瑚・孔雀石粧刀（上）、珊瑚・琉璃粧刀（中）、瑪瑙・翡翠粧刀（下） p.71	
	宮中遺物展示館所蔵　40cm	
図32	銀琺瑯パヌルジプ（針入れ）ノリゲ p.73	
	梨花女子大学博物館所蔵　31cm	
図33	スパヌルジプ（刺繍針入れ）ノリゲ p.74	

	梨花女子大学博物館所蔵　24.5cm
図34	銀琺瑯チムトン（針筒）ノリゲ　p.76
	梨花女子大学博物館所蔵　38cm、37cm
図35	銀チムトン（針筒）ノリゲ　p.77
	梨花女子大学博物館所蔵　35cm
図36	銀チムトン（針筒）ノリゲ　p.78
	梨花女子大学博物館所蔵　27cm
図37	パンアタリノリゲ　p.80
	梨花女子大学博物館所蔵　23cm、25cm
図38	吉祥語紋香匣ノリゲ　p.83
	梨花女子大学博物館所蔵　34.5cm
図39	寿五福紋銀泥糸ノリゲ　p.84
	澹人服飾美術館所蔵　33cm
図40	寿五福紋金泥糸ノリゲ、蘭草紋金泥糸ノリゲ　p.85
	梨花女子大学博物館所蔵　36.5cm、38cm
図41	蘭草紋金泥糸ノリゲ　p.86
	澹人服飾美術館所蔵　30.5cm
図42	琺瑯金泥糸香匣ノリゲ　p.87
	宮中遺物展示館所蔵　42.5cm
図43	童子紋繍香匣ノリゲ　p.88
	高麗大学博物館所蔵　26cm
図44	虎紋繍香匣ノリゲ　p.88
	高麗大学博物館所蔵　32cm
図45	螺鈿象嵌角香ノリゲ　p.91

	梨花女子大学博物館所蔵　35cm
図46	**植物紋角香ノリゲ**　p.91
	澹人服飾美術館所蔵　33.5cm
図47	**馬尾角香ジプ（入れ）ノリゲ**　p.92
	梨花女子大学博物館所蔵　30cm
図48	**金泥糸仏手ノリゲ**　p.93
	梨花女子大学博物館所蔵　29.5cm
図49	**翡翠毛パル香ノリゲ**　p.95
	梨花女子大学博物館所蔵　42cm
図50	**蝙蝠香囊ノリゲ**　p.97
	淑明女子大学博物館所蔵　22cm
図51	**繡蝙蝠香囊ノリゲ**　p.98
	澹人服飾美術館所蔵　28.5cm
図52	**蝶繡香囊ノリゲ**　p.99
	梨花女子大学博物館所蔵　33cm
図53	**蝶香囊ノリゲ**　p.100
	澹人服飾美術館所蔵　18cm
図54	**蝉香囊ノリゲ**　p.102
	澹人服飾美術館所蔵　25cm
図55	**天桃香囊ノリゲ**　p.103
	淑明女子大学博物館所蔵　22.3cm
図56	**蓮花香囊ノリゲ**　p.104
	淑明女子大学博物館所蔵　26.5cm
図57-1	**ソンビ**　p.107

	「写真で見る朝鮮時代の生活と風俗」から模写
図57-2	**妓女** p.107
	「写真で見る朝鮮時代の生活と風俗」から模写
図58	**美人画** p.109
	「韓国の美」20人物画
図59	**ペムルポ** p.109
	澹人服飾美術館所蔵
図60	**朝鮮の女** p.120
	「コリア・スケッチ」
図61-1	**1975年の女性** p.125
図61-2	**1976年の女性** p.125
	『韓国服飾史論』イ・キョンジャ

李京子（イ・キョンジャ）
1938年　ソウルで生まれる。
梨花女子大学家庭学科（理学学士）と同大学院（理学修士）を経てアメリカ Pratt 美術大学で修学し漢陽大学大学院で理学博士の学位を得る。
梨花女子大学造形芸術大学教授、同デザイン大学院院長
韓国服飾学会会長を歴任し、現在は韓国服飾文化研究院の院長を歴任している。
著書
『韓国服飾史論』
『韓国服飾図録』全3巻
『韓国服飾名品図録』
『韓国の服飾』（共著）
『ウリ生活の伝統様式（中）』
『ウリオッと装身具』
『ウリオッの伝統様式』

金明順（キム・ミョンスン、本名：菅沢明順）
1957年　東京で生まれる。
梨花女子大学教育心理学科卒業。韓国外国語大学通訳翻訳大学院韓日科修士号取得。
現在は韓国外国語大学通訳翻訳大学院韓日科講師。KBSワールドラジオ、NHK-BS「アジアニュース」などで同時通訳、翻訳家として活躍中。
訳書『韓国哲学の系譜』（日本評論社）

梨花女子大学コリア文化叢書 ②
ノリゲ　伝統韓服の風雅

2010年2月13日　初版第1刷発行

　著　者——李京子
　訳　者——金明順
　発行者——今東成人
　発行所——東方出版㈱

　　　　〒543-0062　大阪市天王寺区逢阪2-3-2
　　　　TEL06-6779-9571　FAX06-6779-9573

　印刷所——亜細亜印刷㈱

ISBN978-4-86249-154-1　　　　乱丁・落丁はおとりかえいたします。